Lust auf Wildbeeren!

Sammeln | Zubereiten | Genießen

blv

DR. GERTRUD SCHERF

Was Sie in diesem Buch finden

Anhang 119

Kleine Einführung

Wildbeeren mit ihren auffallenden Formen und Farben haben die Menschen seit ältesten Zeiten fasziniert und zum Sammeln angeregt. Auf den folgenden Einführungsseiten können Sie sich über die Bedeutung der Wildbeeren in der Natur und für den Menschen informieren, Sie erfahren Wissenswertes über die wohltuenden und die giftigen Inhaltsstoffe von Wildbeeren und bekommen praxisnahe Hinweise, was Sie beim Sammeln beachten sollten. Wichtige Fachbegriffe, die für eine genaue Beschreibung der Beerenpflanzen und Beeren unverzichtbar sind, werden in Wort und Bild erläutert.

Beeren – ein verlockendes Angebot

Im Sommer und Herbst sind sie in Natur oder Garten kaum zu übersehen: leuchtend gefärbte, meist rundliche, fleischige Früchte an Bäumen, Sträuchern oder Kräutern. Diese Beeren werben mit auffallenden Farben, manchmal auch mit aromatischem Duft bei Tier und Mensch: Hier gibt es köstliche Nahrung für euch!

Das Angebot erfolgt freilich nicht aus Selbstlosigkeit, sondern aus Eigennutz: Die Samen und damit die Nachkommen sollen verbreitet

Auch das Eichhörnchen lässt sich im Spätsommer und Herbst reife Beeren schmecken.

werden. Mit ihrer festen Wand passieren die Samen den Verdauungstrakt der Beerengenießer meist unbeschädigt und werden als Ganzes mit dem Kot ausgeschieden.

Nicht alle »Beeren« sind Beeren

Früchte werden von Botanikern unter anderem nach der Beschaffenheit ihrer Fruchtwand eingeteilt. Während bei reifen Trockenfrüchten wie den Nüssen sich die gesamte Fruchtwand trocken präsentiert, ist sie bei den Saftfrüchten ganz (Beeren) oder teilweise (Steinfrüchte) fleischig-saftig. Viele Holzgewächse haben fleischig-saftige Früchte. Beerentragende krautige Pflanzen findet man insbesondere in der schattigen und feuchten Krautschicht des Laub(misch)waldes. Unter den in diesem Buch vorgestellten Beeren finden Sie nicht nur »echte« Beeren, sondern auch fleischig-saftige Früchte, die anderen Fruchttypen zuzuordnen sind (siehe Tabelle S. 19). Beerenartig erscheinen auch die Kapselfrüchte des Pfaffenhütchens. Die von einem Samenmantel gebildeten »Beeren« der Eibe sowie die Beerenzapfen des Gewöhnlichen Wacholders und des Sadebaums sind keine Früchte, denn diese drei Arten gehören zu den Nacktsamern.

Beerenfreunde

Beeren, die bodennah wachsen, duften und/oder frühzeitig abfallen, zielen eher auf Säuger ab. Sehr auffällig gefärbte, die hoch über dem Erdboden hängen und länger an der Pflanze bleiben, locken besonders Vögel an.

Beerentragende heimische Pflanzen sind durch ihr Nahrungsangebot für den Erhalt der Artenvielfalt unter den Tieren wichtig. Dies gilt besonders für Beerenliebhaber wie die Drosseln, aber auch stärker Insektennahrung bevorzugende Vögel wie der Grauschnäpper oder Fleischfresser wie der Rotfuchs machen im Spätsommer und Herbst eine »Beerenkur«. Auch durch andere Pflanzenteile wie Blüten und Blätter sind viele Beerenpflanzen für Tiere, insbesondere verschiedene Insekten, unverzichtbar. Schließlich sei auf die Schutzfunktion der Sträucher und Hecken für Tiere in einer oft ausgeräumten Kulturlandschaft hingewiesen.

Achtung! Auch Beeren, die bei Tieren beliebt sind, können für den Menschen giftig sein (siehe S. 12).

Das Beerensammeln war einst eine selbstverständliche, wenn auch nicht immer vergnügliche Tätigkeit der Kinder.

Beerennahrung für den Menschen

Von der Urzeit bis zur Gegenwart

Beeren bildeten einen wichtigen Teil der Pflanzennahrung, die Frauen und Kinder während der gesamten Alt- und Mittelsteinzeit sammelten. Auch in späterer Zeit bestand noch immer ein Teil der Nahrung aus Wildpflanzen. Wildfrüchte waren bis weit in die Neuzeit, in ländlichen Gegenden bis vor wenigen Jahrzehnten, wichtiger Teil der Alltagsnahrung. Bei Kindern war es noch bis in die jüngere Vergangenheit üblich, verschiedenste Wildbeeren roh zu essen. Trotzdem kam es selten zu ernsthaften Vergiftungen, denn die Kinder wussten durch Überlieferung und Erfahrung Bescheid. Kochbücher enthielten noch im 19. Jahrhundert Rezepte zu Berberitzen, Hagebutten, Holunder oder Schlehen. Zu Beginn des 20. Jahrhunderts spielten Wildbeeren dann hier zulande in bürgerlichen Küchen kaum mehr eine Rolle.

In der Not der Kriegs- und Nachkriegsjahre hat man sich jeweils für einige Zeit wieder auf Wildpflanzen besonnen, es erschienen Ratgeber wie »Unsere Wildpflanzen in der Küche« (1917) oder »Aus Wald und Feld den Tisch bestellt« (1947). Von dieser Kost der Notzeit hat man sich aber in den 1950er-Jahren rasch wieder abgewendet und das Sammeln in der Natur den Kräuterweiblein und Hungerleidern überlassen. Erst in jüngerer Zeit, seit immer mehr Menschen Wert auf gesundes Genießen legen, gewinnen auch Wildfrüchte wieder an Beliebtheit. Sie bieten viel Aroma und Geschmack und enthalten zudem wertvolle Inhaltsstoffe.

Nährende und vorbeugende Inhaltsstoffe

Wildbeeren enthalten **Nährstoffe**: Proteine, Fett, Kohlenhydrate; daneben Fruchtsäuren, Vitamine, Mineralstoffe.

Fruchtsäuren wie Äpfelsäure oder Citronensäure beeinflussen das Aroma, regen die Darmperistaltik an und wirken keimwidrig. Vitamine sind in geringen Mengen benötigte, für bestimmte Lebensfunktionen unentbehrliche Wirkstoffe. Mineralstoffe sind als Mengenelemente wie Kalzium, Kalium und Magnesium) sowie als Spurenelemente wie Eisen, Jod, Selen und Zink unverzichtbar.

Einige Vitamine und Mineralstoffe schützen als Antioxidantien vor schädigenden freien Radikalen, die im menschlichen Organismus entstehen und dort Krankheiten begünstigen. Wildbeeren sind meist sehr vitamin- und mineralstoffreich.

Wie andere pflanzliche Nahrungsmittel enthalten auch Beeren sogenannte **bioaktive Stoffe**. Diese sind – anders als die Nährstoffe – für den Menschen nicht primär lebensnotwendig, entfalten jedoch, bei regelmäßiger und ausreichender Aufnahme, vorbeugende Wirkungen. Einige wichtige bioaktive Stoffgruppen in Beeren:

- **Ballaststoffe** sind Kohlenhydrate, die der Darm des Menschen chemisch nicht zerlegen kann. Wichtige Ballaststoffe sind Cellulose, Hemicellulosen, Lignine und Pektine. Sie fördern die Verdauung, beugen Krebs vor, stärken des Immunsystem und senken den Cholesterinspiegel.
- **Carotinoide** sind in gelb, orange oder rot gefärbten Beeren wie Hagebutten oder Berberitzen enthalten. Sie können antioxidativ, krebsvorbeugend, immunstärkend sowie cholesterinsenkend wirken.
- **Polyphenole** umfassen mehrere Gruppen.

Zu den Flavonoiden gehören die Anthocyane, die beispielsweise Brombeeren, Erdbeeren, Heidelbeeren, Himbeeren, Johannisbeeren, Holunderbeeren intensiv rot, blau oder violett färben. Phenolsäuren, zu denen auch Gerbstoffe wie die Tannine zählen, sind in Himbeeren, Brombeeren oder Walderdbeeren enthalten. Polyphenole wirken unter anderem antioxidativ, krebsvorbeugend, immunfördernd, keimhemmend, entzündungshemmend, regulierend auf den Blutzuckerspiegel.

- **Monoterpene** sind als Duft- und Aromastoffe in manchen Beeren wie Heidelbeeren oder Himbeeren enthalten. Sie wirken keimwidrig und wahrscheinlich krebsvorbeugend.

Ihre intensive Färbung verdanken Wildbeeren sekundären Pflanzenstoffen wie den Carotinoiden und Anthocyanen, denen gesundheitlich günstige Wirkungen zugeschrieben werden.

Wildbeeren – Inhaltsstoffe und Sammelregeln

Heilmittel oder Gift?

Die Nahrung sammelnden Frauen haben vermutlich schon recht früh die Heilkraft mancher Nahrungspflanzen wahrgenommen und wurden so auch Ärztinnen ihrer Gemeinschaft. Ganz selbstverständlich behandelt die Benediktineräbtissin Hildegard von Bingen (1098–1179) in ihren heil- und naturkundlichen Schriften die Wildpflanzen in ihrer doppelten Eigenschaft als Nahrungs- und Heilpflanzen. Sie schreibt beispielsweise über die Kornelkirsche: »Und die Frucht dieses Baumes schadet dem Menschen nicht, wenn man sie isst, aber sie reinigt und stärkt den kranken und auch den gesunden Magen …« Allerdings ist Hildegard gegenüber Früchten recht skeptisch (vgl. Walderdbeere S. 70, Heidelbeere S. 26).

Seit Urzeiten sind bestimmte Pflanzen als Giftpflanzen oder potenziell giftige Pflanzen bekannt. Manche Wirkstoffe können je nach Anwendungsweise und Dosierung heilend oder vergiftend wirken. Deshalb sind etwa manche giftige Alkaloid-Pflanzen zugleich hochwirksame Arzneipflanzen. Umgekehrt können bei zu hoher Dosierung andere, als ungiftig geltende Pflanzen schädlich wirken.

Einige pharmakologisch wirksame, auch in vielen Wildbeeren vorhandene Stoffgruppen:

- **Alkaloide:** Diese stickstoffhaltigen Verbindungen haben starke physiologische Wirkungen. Manche gehören zu den stärksten bekannten Giftstoffen wie etwa das Atropin der Tollkirsche.
- **Ätherische Öle:** Die leicht flüchtigen Substanzgemische haben eine ölartige Konsistenz. Sie enthalten meist Terpene und duften überwiegend angenehm. Sie wirken hautreizend, antimikrobiell, krampflösend. In Überdosierung Giftwirkung.
- **Bitterstoffe:** Die bitter schmeckenden Verbindungen wirken appetit- und verdauungsfördernd; je nach Zusammensetzung auch keimtötend, harntreibend, beruhigend oder allgemein kräftigend. Bitterstoffe können ebenfalls giftig wirken.
- **Flavonoide:** Verschiedene Gruppen wie Flavone, Anthocyane, Isoflavone wirken unter anderem normalisierend auf die Durchlässigkeit der Gefäße, schützend auf die Zellen, positiv auf das Herz- und Kreislaufsystem.
- **Gerbstoffe:** Die herb und zusammenziehend schmeckenden Verbindungen gehören meist zu den Phenolsäuren. Sie binden Proteine und machen sie unlöslich, wirken antibakteriell, entzündungswidrig, blutstillend und reizmildernd. In höherer Dosierung Reizwirkung.
- **Glykoside:** Diese Verbindungen werden durch Wasseraufnahme in einen Zucker- und einen Nichtzuckerteil gespalten. Häufig mit Giftwirkung wie beispielsweise die herzwirksamen Glykoside, die je nach Dosierung the-

rapeutisch oder toxisch auf den Herzmuskel wirken, oder die Blausäure-Glykoside, die bei Verletzung des Pflanzengewebes in giftige Blausäure umgewandelt werden.

- **Saponine:** Sie bilden in Wasser seifenartigen Schaum. Sie wirken hemmend auf das Wachstum von Mikroorganismen, lokal gewebereizend und auswurffördernd; in höherer Dosierung giftig.
- **Schleimstoffe:** Die kohlenhydrathaltigen Stoffe quellen in Wasser auf. Sie wirken reiz- und entzündungsmildernd.
- **Verschiedene Mineralstoffe und Vitamine** können über ihre Nährstofffunktion hinaus auch arzneilich wirken.

Durch ihr oft verlockendes Aussehen sind giftige Wildbeeren gefährlich, insbesondere für Kinder.

Der Arzt Theophrastus Bombastus von Hohenheim, genannt Paracelsus (1493–1541), beschäftigte sich auch mit Giftpflanzen. Medaillon am Grabmal des Paracelsus in Salzburg.

Nur sicher erkannte Beeren sammeln

Beerensammeln macht Freude, aber man sollte sich auch stets der Gefahren dabei bewusst sein. Wenn man nicht sicher ist, die richtigen Beeren vor sich zu haben, sollte man besser ganz auf das Sammeln verzichten. Im günstigen Fall trägt man wenig schmackhafte oder ungenießbare Früchte nach Hause, im ungünstigen mehr oder weniger stark giftige, deren Verzehr höchst unangenehme oder sogar lebensgefährliche Folgen haben kann. Informieren Sie sich sorgfältig über charakteristische Merkmale und über Verwechslungsmöglichkeiten. Auch die Konsultation erfahrener Sammler sowie die Teilnahme an Führungen können sinnvoll sein. Bedenken Sie auch: Die Beeren praktisch sämtlicher Arten können bei entsprechend veranlagten Personen allergische Reaktionen oder Überempfindlichkeitsreaktionen hervorrufen.

Trockene, saubere und unbelastete Beeren sammeln

Sammeln Sie keine von Regen oder Tau nassen Früchte. Lassen Sie verschmutzte oder von Schädlingen befallene Beeren stehen, denn sie müssten zu Hause weggeworfen werden. In der Natur können sie dagegen weiterhin Funktionen erfüllen. Um zu verhindern, dass Sie weitgehend unsichtbare Belastungen wie Abgase, Unkraut- und Insektenvernichtungsmittel, Düngemittel oder Ausscheidungen von Haustieren mit nach Hause bringen, sollten Sie generell nicht in der Nähe stark befahrener Straßen, an häufig benutzten Wegen, an Bahndämmen, in Industriegebieten und auf Fabrikgelände sammeln, ebenso wenig an Äckern, Wiesen und Weiden, die frisch gedüngt oder mit Pestiziden behandelt wurden. Dies gilt in besonderem Maße für bodennah wachsende Beeren wie Walderdbeeren.

Im Wald wird im Allgemeinen nicht flächig gespritzt, im Zweifelsfall sollte man beim Waldbesitzer oder bei den Forstbehörden nachfragen. Von gelagerten Nadelhölzern, die meist gegen Borkenkäferbefall behandelt sind, ist beim Sammeln Abstand zu halten.

Infektionen vermeiden

Insbesondere bodennah wachsende Beeren in Wald und Flur, aber auch im städtischen Umfeld können mit den Eiern des Kleinen Fuchsbandwurms (Echinococcus multilocularis) verunreinigt sein. Der nur 4 mm lange Schmarotzer lebt im Darm mancher Rotfüchse und anderer Mäusevertilger (Katzen, Hunde – diese daher regelmäßig entwurmen). Über den Kot werden die mit bloßem Auge nicht sichtbaren Eier ausgeschieden. In der Leber von Mäusen und anderen als Zwischenwirt dienenden Nagetieren wachsen die Larven heran. Nur in Ausnahmefällen kann auch der Mensch zum Zwischenwirt werden. Bis erste Symptome auftreten, können zehn Jahre vergehen, und dann ist es manchmal für eine Heilung bereits zu spät.

Da gründliches Waschen der Pflanzenteile nicht sicher schützt, sollte man bodennah wachsende Beeren nur dann roh verzehren, wenn wie im umzäunten Garten, ein Befall mit den Bandwurmeiern unwahrscheinlich ist. Die Eier überstehen Frost unbeschadet, sterben aber ab, wenn sie auf mindestens 60 °C erhitzt werden. Auch Trocknen (bei 25 °C und 25 % relativer Luftfeuchtigkeit) tötet die Eier innerhalb weniger Tage.

Körperbedeckende Kleidung, Stiefel sowie manche Duftstoffe bieten begrenzten Schutz vor Zeckenstichen (und eventuellen Schlangenbissen). Zecken können die eher seltene Frühsommerzecken-Encephalitis übertragen, für die es einen Impfschutz gibt, und die häufiger auftretende Lyme-Borreliose, deren rechtzeitige Behandlung mit Antibiotika weitere Schäden verhindert.

Was ist im Notfall zu tun?

Wenn Sie oder Ihre Kinder giftige Pflanzenteile aufgenommen haben oder Sie dies befürchten:

- Nicht voreilig handeln, sondern Notruf (112) oder Giftinformationszentrale anrufen. Die Telefonnummer sollten Sie zusammen mit anderen Notrufnummern parat haben.
- Auskunft geben:
  - Wem und wann ist es passiert?
  - Um welche Pflanze handelt es sich?
  - Welche Pflanzenteile wurden eingenommen?
  - Welche Mengen wurden aufgenommen?
  - Wie geht es der Person?

Die Natur schonen

Alle wild wachsenden Pflanzen sind gesetzlich geschützt. Für den Verzehr dürfen aber ihre Teile, also auch Beeren, in ortsüblichem Umfang gesammelt werden. Gesetzlich besonders oder streng geschützte Pflanzen darf man weder abschneiden noch ausgraben, auch keine Früchte oder andere Pflanzenteile entfernen. In den Porträts ist gegebenenfalls ein solcher

Schutzstatus, gültig für die Bundesrepublik Deutschland, vermerkt. Da für Österreich und die Schweiz teilweise andere Schutzbestimmungen bestehen, sollte man sich bei den dortigen Behörden informieren. In Naturschutzgebieten ist jedes Sammeln verboten.

In allen drei Ländern vermerken Rote Listen die regional oder überregional gefährdeten Pflanzen. Wenn in den Porträts dieses Buches die Verbreitung einer Art als »zerstreut« oder »selten« angegeben ist, sollten Sie nur wenig von dieser Pflanze sammeln oder ganz aufs Sammeln verzichten. Im Zweifelsfall kann man sich bei den Bundes- oder Landesregierungen informieren.

Um Natur und Pflanzen zu schonen, sollte man:

- nur Beeren sammeln, die an ihrem Standort in größeren Mengen vorkommen;
- beim Sammeln stets achtsam mit der Pflanze umgehen, so dass sie unverletzt weiterleben kann. Keine Erntekämme oder -rechen verwenden;
- beim Sammeln keine anderen Pflanzen und keine Tiere zertreten;
- stets nur so viel pflücken, wie man auch verwerten kann;
- genügend Nahrung für die Wildtiere übrig lassen.

Eingezäunte Grundstücke darf man nur mit Zustimmung des Eigentümers, Wiesen nur außerhalb der Vegetationszeit betreten.

Die geeignete Ausrüstung

- Schere, scharfes Messer.
- Korb, Stofftasche oder größere Papiertüten für trockene, feste Früchte. Für weiche, emp-findliche Früchte eignen sich größere Schraubdeckelgläser, Milchkannen oder kleine Eimer. Plastiktüten sind wenig geeignet, da die Beeren darin ihr Aroma verlieren.
- Handschuhe aus festem Stoff, um Verletzungen durch dornige oder stachelige Pflanzen zu vermeiden.

Hoch am Strauch wachsende Brombeeren sind für Sammler bequem zu erreichen; zudem ist bei ihnen die Gefahr einer Belastung, etwa durch Fuchsbandwurmeier, gering.

Fachbegriffe

Wuchsformen und Lebensdauer

Holzgewächse haben eine in allen Teilen verholzte Sprossachse und sind mehrjährig. *Bäume* sind in Stamm und Krone gegliedert, *Sträucher* von Grund an verzweigt. *Zwergsträucher* sind höchstens 1 m hoch. Bei *Halbsträuchern* ist die Sprossachse nur an der Basis verholzt. Die meisten heimischen Holzgewächse sind sommergrün; die Nadelhölzer (mit Ausnahme der Lärche) und einige Laubgehölze sind immergrün.

Krautige Pflanzen haben (weitgehend) unverholzte oberirdische Sprossteile. *Stauden* sind mehrjährig und überdauern mit Hilfe von unterirdischen Organen wie einem Wurzelstock (z. B. Aronstab) oder dicht der Erde anliegenden oberirdischen Erneuerungsknospen (z. B. Walderdbeere). *Zweijährige Kräuter* überdauern häufig mit einer im ersten Jahr gebildeten Blattrosette. Sie blühen, fruchten und sterben im zweiten Jahr. *Einjährige Kräuter* durchlaufen ihren Lebenszyklus in einem Jahr und überwintern als Samen.

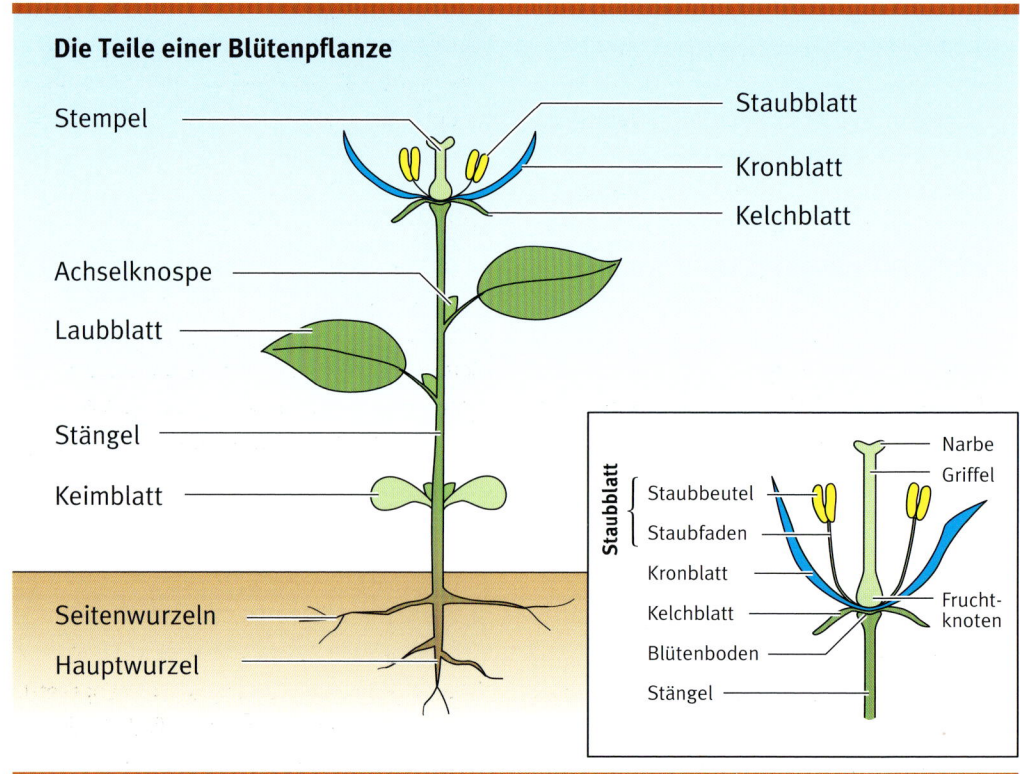

Die Teile einer Blütenpflanze

Stempel — Staubblatt
— Kronblatt
— Kelchblatt

Achselknospe
Laubblatt

Stängel
Keimblatt

Seitenwurzeln
Hauptwurzel

Staubblatt
Staubbeutel — Narbe / Griffel
Staubfaden
Kronblatt
Kelchblatt — Fruchtknoten
Blütenboden
Stängel

Spross

- **Dornen:** Harte, spitze, häufig verholzte, schwer abzubrechende Gebilde an Pflanzen.
- **Knoten:** Ansatzstelle der Blätter am Stängel.
- **Stacheln:** Spitze, hakenförmig gebogene, leicht ablösbare Auswüchse der Oberhaut von Pflanzen.
- **Wurzelstock, Rhizom:** Wurzeln tragende unterirdische Sprossachse vieler Stauden; dient als Speicherorgan und bildet alljährlich neue oberirdische Sprosse, die am Ende der Vegetationsperiode im Herbst absterben.

Blatt

- **Blattachsel:** Winkel zwischen Stängel und Blatt.
- **Blattscheide:** Unterer verbreiterter Teil eines Blattes, der den Stängel umschließt.
- **Nebenblätter:** Dem Blattgrund ansitzende Blattteile, meist in 2-Zahl.
- **parallelnervig:** Blätter, deren Gefäßbündel parallel oder leicht bogenförmig angeordnet sind.
- **sitzend:** Blatt ohne Stiel.
- **Tragblatt, Deckblatt:** Blatt, aus dessen Achsel ein Seitenspross oder eine Blüte wächst.

Blattstellung

- **gegenständig:** An jedem Knoten stehen sich 2 Blätter gegenüber.
- **quirlständig, wirtelig:** An jedem Knoten stehen 3 oder mehr Blätter.
- **wechselständig:** An jedem Knoten steht nur 1 Blatt. Je 2 aufeinander folgende Blätter sind in einem bestimmten Winkel gegeneinander verschoben.
- **2-zeilig:** Wechselständige Beblätterung, bei der die Blätter in 2 einander gegenüber stehenden Längsreihen angeordnet sind.

Blattrand

- **gekerbt:** Abgerundete Ausbuchtungen sind durch spitze Einschnitte voneinander getrennt.
- **gelappt:** Die Blattspreite ist durch spitze Einschnitte in breite Lappen unterteilt.
- **gesägt:** Spitze Zähne stoßen in spitzem Winkel aneinander.
- **doppelt gesägt:** Große Zähne wechseln mit kleinen Zähnen ab.
- **gezähnt:** Spitze Zähne werden durch abgerundete Einschnitte voneinander getrennt.

Blattspreitenform

Die Blattspreite ist der Teil des Laubblatts, in dem die Prozesse der Photosynthese ablaufen. Meist ist die Blattspreite flächig ausgebreitet. Sie kann – wie die verschiedenen Blattspreitenformen zeigen – sehr unterschiedlich gestaltet sein.

Zusammengesetzte Blätter

- **gefiedert:** Ein Blatt ist aus mehreren Teilblättern (Blättchen, Fiedern) zusammengesetzt. Die Fiedern können ihrerseits gefiedert sein: doppelt gefiedert, 3-fach gefiedert usw.

Blattstellung

gegenständig · quirlständig, wirtelig · wechselständig · 2-zeilig

Blattrand

gekerbt · gelappt · gesägt doppelt gesägt (ohne Abb.) · gezähnt

Blattspreitenform

lanzettlich · spatel-förmig · rauten-förmig · herz-förmig

lineal(isch) · spieß-förmig · elliptisch · eiförmig

Zusammengesetzte Blätter

paarig doppelt gefiedert · unpaarig gefiedert · 3-zählig gefiedert

- **3-zählig gefiedert:** Aus 1 Fiederpaar und 1 Endfieder zusammengesetztes Blatt.
- **unpaarig gefiedert:** Das Blatt besteht aus mehreren Fiederpaaren und 1 Endfieder.

Blüte

- **Blütenhülle:** Besteht entweder aus Kelch- und Kronblättern (doppelte Hülle) oder aus gleich gestalteten Blütenhüllblättern (einfache Hülle).

- **1-geschlechtige Blüte:** Die Blüte enthält entweder nur Staubblätter (männliche Blüte) oder nur Fruchtknoten (weibliche Blüte).
- **1-häusig:** Die Individuen einer Art tragen Zwitterblüten oder 1-geschlechtige Blüten beiderlei Geschlechts.
- **2-häusig:** Die Individuen einer Art tragen nur männliche oder nur weibliche Blüten.
- **2-lippig:** Die Blütenhülle besteht aus 2 sich gegenüber stehenden Hauptabschnitten: Oberlippe und Unterlippe.
- **Zwitterblüte:** Die Blüte enthält sowohl Staubblätter als auch Fruchtknoten.

Fleischig-saftige Früchte (»Beeren«)

Fruchttyp	Merkmale	Beispiele
Beere	Gesamte Fruchtwand fleischig-saftig; meist mehrsamig	Heidelbeere, Preiselbeere
Steinfrucht	■ Fruchtwand außen fleischig, innen hart, meist 1 Steinkern ■ Beerenartige Steinfrucht (Steinbeere) mit meist mehreren Steinkernen	Wildkirsche, Traubenkirsche Holunder, Schneeball
Sammelsteinfrucht	Besteht aus mehreren Steinfrüchtchen	Himbeere, Brombeere
Sammelnussfrucht	Besteht aus mehreren Nussfrüchtchen: ■ Nüsschen sitzen auf fleischig gewordenem Blütenboden ■ Nüsschen sind vom fleischig gewordenen Blütenboden umschlossen	■ Walderdbeere ■ Hundsrose
Apfelfrucht	Blütenboden und Fruchtblätter miteinander verwachsen ■ Kernapfel (Fruchtblätter pergamentartig: »Kernhaus«) ■ Steinapfel (Fruchtblätter nussartig: 1 oder mehrere Steinkerne)	■ Wildapfel, Wildbirne ■ Weißdorn, Mispel

Wildbeeren-Porträts

Die Natur hat eine große Vielfalt an Wildbeeren hervorgebracht, darunter solche, die für den Menschen essbar sind. Allerdings gibt es auch ungenießbare oder gar giftige Arten. Manche sind sogar so stark giftig, dass ihr Genuss tödliche Folgen haben kann. Besonders groß ist die Gefahr für Kinder, die sich leicht von farbigen Beeren verlocken lassen. Wenn Sie Wildbeeren sammeln und verwenden wollen, ist es unbedingt erforderlich, dass Sie die Beerenpflanzen und ihre Beeren sicher kennen. Manche giftige und essbare Arten sind einander recht ähnlich und können nur anhand von bestimmten, manchmal unbedeutend erscheinenden Merkmalen voneinander unterschieden werden. Die Pflanzenporträts auf den folgenden Seiten sollen Ihnen bei dieser Unterscheidung helfen – und Ihnen zudem einige andere interessante Informationen zu Wildbeeren bieten.

Zu den Pflanzenporträts

Um das Erkennen und Unterscheiden giftiger und essbarer Beerenarten zu erleichtern und insbesondere Verwechslungen vorzubeugen, sind die Porträts nach der Ähnlichkeit der Früchte (Farbe, Form, Größe) angeordnet. Dieses Ordnungsprinzip liegt auch der Übersicht auf den Seiten 122–125 zugrunde. Sie enthält Beeren-Abbildungen der als Porträts vorgestellten Arten und soll einen raschen ersten Überblick ermöglichen.

Bei einigen essbaren Beeren wird zusätzlich vor besonders leicht verwechselbaren giftigen Doppelgängern gewarnt. Nur Anhaltspunkte bieten die Angaben zu Blütezeit und Fruchtreife, da sich diese je nach Region und Wuchsort und auch je nach Witterungsverlauf des jeweiligen Jahres stark unterscheiden können. Die Vorkommen in Mitteleuropa sind mit häufig (lückenlos), verbreitet (regionale Lücken), zerstreut (größere Lücken) oder selten (an wenigen Stellen) angegeben.

Besonders gekennzeichnet (»Achtung«!) sind bei kulinarisch und/oder arzneilich nutzbaren Pflanzen Warnungen zur Verwendung der Pflanze, möglichen Überempfindlichkeitsreaktionen, Nebenwirkungen oder gegebenenfalls vor einer Selbstbehandlung. Bei gegenwärtig weder kulinarisch noch arzneilich verwendeten Giftpflanzen wird auf eine gesonderte Warnung verzichtet.

Stets und regelmäßig vorkommende Inhaltsstoffe in essbaren Beeren wie Eiweiß, Fett, Kohlenhydrate (Zucker, Pektin) und Fruchtsäuren werden nur bei besonders hohem Gehalt ausdrücklich erwähnt. Wenn nicht anders angegeben, beziehen sich die in den Texten angeführten Merkmale stets auf die reife Frucht.

Hundsrosen-Sträucher sind in der Natur häufig zu finden. Dennoch ist das Sammeln der Hagebutten eine etwas mühsame (und meist nicht ohne Kratzer abgehende) Tätigkeit.

Gewöhnlicher Wacholder, Heidewacholder
Juniperus communis

- **Familie Zypressengewächse** *(Cupressaceae)*. Wuchsform oft aufrecht und säulenförmig. Blätter blaugrün, nadelförmig, steif, spitz, gerade abstehend, meist zu 3 quirlständig. Die kleinen, unscheinbaren grünlichen Blüten sind 2-häusig verteilt. Die Schuppen der weiblichen Blüte werden später fleischig und verwachsen miteinander, wodurch der kugelige, 5–6 mm dicke, meist dreisamige, zunächst grüne Beerenzapfen entsteht, der erst im 2. Jahr nach der Blüte reif und blauschwarz bereift wird.
- **Blüte:** April bis Mai.
- **Beerenzapfen:** September bis Oktober.
- **Höhe:** 1–6 m.

Der immergrüne Baum oder Strauch wächst bis in Höhen von 2000 m und ist auf Heiden, in lichten Nadelwäldern, an trockenen Hängen und auf mageren Weiden verbreitet. Regional gefährdet. Der Volksname »Kranewitt« ist vom »Krammetsvogel« (Wacholderdrossel) abgeleitet. Auch andere Vögel sowie verschiedene Säuger schätzen die Beerenzapfen.
Wenig giftig: Beerenzapfen. Hauptwirkstoffe: Ätherisches Öl.

Beerenzapfen
Die Beerenzapfen schmecken aromatisch-würzig, etwas süßlich und enthalten ätherisches Öl, Gerbstoffe sowie Flavonoide. Die reifen schwarzen »Beeren« werden in frischem Zustand zu Mus, Saft oder Gelee verarbeitet. Getrocknet gibt man sie als Würze an Fleischspeisen, ins-

besondere Wildgerichte oder Schweinebraten, an Sauer- oder Blaukraut sowie an Soßen. Sie sind auch Bestandteil von Kräuterlikören. Wacholderschnaps (Gin, Genever) und mit Wacholderholz geräucherter Schinken sind besondere Spezialitäten.

Achtung! Wacholderbeeren weder arzneilich noch kulinarisch überdosieren, nicht über längere Zeit, nicht bei Nierenerkrankungen oder während der Schwangerschaft verwenden. Hautreizungen bei äußerlicher Einwirkung möglich.
Verwechslungsgefahr: Sadebaum (S. 24).
Schulmedizin: Zubereitungen aus den Beeren-

Die Beerenzapfen des Gewöhnlichen Wacholders sind zunächst grünlich und etwas eiförmig; im zweiten Jahr nach der Blüte reifen sie und zeigen sich rundlich und blauschwarz bereift.

zapfen bei Harnwegsentzündungen und Verdauungsbeschwerden; Wacholderöl (in Salben) äußerlich bei rheumatischen Beschwerden. **Volksmedizin:** Tee aus den Beerenzapfen zudem gegen Husten, Rheuma sowie zur »Blutreinigung«.

Das harte, gut polierbare Holz wurde zu Instrumenten, Spazierstöcken, Pfeifenröhren und Zahnstochern verarbeitet. Mit Holz oder Beerenzapfen räucherte man in Haus und Stall, um unangenehme Düfte, Schädlinge, Krankheitserreger und sonstige Übel zu vertreiben.

Sadebaum, Stinkwacholder
Juniperus sabina

- **Familie Zypressengewächse** *(Cupressaceae)*. Der mit rotbrauner, längsrissig-schuppiger Rinde bedeckte, flach am Boden liegende Stamm hat aufrechte Zweige, die – vor allem zerrieben – unangenehm riechen.

Die im reifen Zustand blauschwarzen, meist bereiften Beerenzapfen des Sadebaums sind wie sämtliche anderen Teile der Pflanze durch ätherisches Öl sehr stark giftig.

Junge Blätter nadelförmig; ältere schuppenförmig, stachelspitzig, sich dachziegelartig deckend. Blüten unscheinbar, meist 2-häusig verteilt. Die kugeligen bis eiförmigen, 5–7 mm dicken Beerenzapfen sind zunächst hell gefärbt, in reifem Zustand blauschwarz, meist bereift; sie enthalten 1–4 Samen.
- **Blüte:** April bis Mai.
- **Beerenzapfen:** Frühjahr des 2. Jahres.
- **Höhe:** 0,5–4 m.

Der immergrüne strauch- oder baumartige Sadebaum wächst zerstreut bis in Höhen von 2500 m in den Alpen und Voralpen an sonnigen, warmen Hängen. Regional gefährdet. Er ist seit Langem Gartenpflanze, auch in Zierformen, und kommt verwildert vor.
Sehr stark giftig: Alle Pflanzenteile, insbesondere die Zweigspitzen. Hauptwirkstoffe: ätherisches Öl.

Der Sadebaum wurde zur Schädlingsbekämpfung, volksmedizinisch bei Menstruationsstörungen genutzt. Der Missbrauch als Abtreibungsmittel endete nicht selten tödlich.

Wohlriechende Weißwurz, Echtes Salomonssiegel

Polygonatum odoratum, Syn.: *P. officinale*

- **Familie Liliengewächse** *(Liliaceae)*. Stängel kantig, oft bogig überhängend. Blätter zweizeilig, länglich-eiförmig, parallelnervig, unterseits blaugrün. Zu 1–2 in den Blattachseln stehen die duftenden, bis 20 mm langen, glockenförmigen Blüten, deren weiße Blütenhülle in 6 grünlichen Zipfeln endet. Die Frucht ist eine schwarzblaue, etwas bereifte, kugelige, bis 14 mm breite, mehrsamige Beere.
- **Blüte:** Mai bis Juni.
- **Früchte:** August bis September.
- **Höhe:** 15–50 cm.

Die mit einem dicken weißen Wurzelstock überdauernde Pflanze wächst bis in Höhen von 1700 m in Wäldern und Gebüsch oder an Waldrändern; im südlichen Mitteleuropa verbreitet bis zerstreut, sonst seltener oder fehlend. Regional gefährdet.
Giftig: Gesamte Pflanze, vor allem die Früchte. Hauptwirkstoffe: Saponine.
Der getrocknete Wurzelstock samt Wurzeln wurde früher volksmedizinisch innerlich und äußerlich verwendet.

Wie etwa von Wegwarte oder Wurmfarn hieß es von der Wohlriechenden Weißwurz, sie sei die sagenhafte Springwurz, mit der sich verborgene, verschlossene oder bewachte Schätze ausfindig lassen.

Verwandte, ebenfalls giftige Arten

Die **Vielblütige Weißwurz** *(Polygonatum multiflorum)* wächst bis in Höhen von 1800 m, verbreitet in schattigen Laub- und Nadelwäldern. Sie hat einen stielrunden Stängel, weiße, duftlose, zu 3–5 in den Blattachseln stehende Blüten und schwarzblaue, bis 8 mm breite mehrsamige Beeren.

Die **Quirlblättrige Weißwurz** *(P. verticillatum)* kommt bis in Höhen von über 2000 m, und zwar verbreitet bis zerstreut vor allem in Gebirgsgegenden vor; sonst selten oder fehlend. Regional gefährdet. Stängel aufrecht, kantig. Blätter quirlständig. Blüten grünlichweiß, einzeln oder in 2–5-blütigen Trauben. Schwarzblaue Beeren bis 10 mm breit.

Die schwarzblauen, giftigen Beeren der Wohlriechenden Weißwurz sind meist größer als die der beiden anderen Weißwurz-Arten.

Heidelbeere, Blaubeere

Vaccinium myrtillus

- **Familie Heidekrautgewächse** *(Ericaceae)*. Stängel grün, aufrecht, kantig, verzweigt. Blätter kurz gestielt, eiförmig, zugespitzt, am Rand schwach gesägt, beiderseits grün, im Herbst vor dem Laubfall blutrot. In den Blattachseln erscheinen meist einzeln die Blüten mit kugeliger bis glockiger, rötlichgrüner, etwa 5 mm breiter Krone. Die blauschwarze, hellblau bereifte, kugelige, 5–8 mm breite Beere mit dunkelrotem, stark färbendem Fruchtfleisch und Saft ist vielsamig.
- **Blüte:** Mai bis Juni.
- **Früchte:** Juli bis September.
- **Höhe:** 15–50 cm.

Der auch Schwarzbeere oder Bickbeere genannte Zwergstrauch kommt häufig bis verbreitet in Nadelwäldern und bodensauren Laubwäldern vor. In den Alpen findet man ihn bis in die Zwergstrauchregion auf etwa 2500 m Höhe.

Früchte

In Mittel- und Nordeuropa sind Heidelbeeren seit ältesten Zeiten ein geschätztes Wildobst. Sie schmecken aromatisch, nur leicht säuerlich und enthalten Vitamine (u.a. C, verschiedene B-Vitamine), Mineralstoffe (u.a. Chrom, Eisen, Kalium, Mangan, Natrium, Phosphor), Anthocyane, andere Flavonoide sowie Gerbstoffe. Man sam-

Vielfältig kulinarisch einsetzbar sind die blau bereiften Heidelbeeren, deren dunkelroter Saft stark färbend ist. Man sollte sie nicht mit den giftverdächtigen Rauschbeeren verwechseln.

melt die vollreifen Früchte schonend, ohne die Sträucher zu beschädigen. Heidelbeeren sind roh sehr schmackhaft, auch etwa kombiniert mit Buttermilch, Quark oder Joghurt. Ein klassischer Genuss sind Heidelbeeren mit gesüßter oder ungesüßter Milch. Für viele Wildtiere sind die bodennah wachsenden Beeren eine wichtige Nahrung. Deshalb ist bei Rohgenuss auch an die Gefahr einer Infektion mit Eiern des Fuchsbandwurms zu denken. Heidelbeeren lassen sich zu Kompott, Dessert, Kuchen, Saft, Konfitüre, Wein oder Likör verarbeiten. Sie schmecken als Heidelbeer-Datschi mit Hefeteig, oder auch in Pfannkuchenteig gebacken.

Verwechslungsgefahr: Rauschbeere (S. 28).

Schulmedizin: Zubereitungen aus den Früchten bei unspezifischen akuten Durchfällen; äußerlich bei Entzündungen im Mund- und Rachenraum.

Volksmedizin: Tee aus den Blättern bei Magenbeschwerden, Husten, Hautkrankheiten.

Achtung! Bei längerem Gebrauch oder Überdosierung des Blättertees Gefahr der Hydrochinon-Vergiftung.

Die Beeren dienten früher auch zum Färben von Wein und Wolle. Die Blätter verwendete man als Tee-Ersatz.

Hildegard von Bingen urteilt über Heidelbeeren negativ. »… die Frucht aber schadet dem, der sie isst, sodass sie die Gicht in ihm hervorruft.« Mancherorts galten an Jakobi (25. Juli) gepflückte Heidelbeeren als besonders zuträglich. Das »Beerenopfer« sammelnder Kinder betraf auch andere Beeren: Die Kinder legten die ersten 3 gesammelten Beeren auf einen Baumstumpf oder in einen hohlen Baumstamm. Gingen sie mit Beeren an einem Kreuz oder an einer Kapelle vorbei, dann opferte jedes Kind 3 Beeren. Eine Beere, die einem Kind beim Pflücken entfiel, gehörte den »Armen Seelen« und wurde nicht mehr aufgehoben. Diese Bräuche sollten die Geister günstig stimmen und weitere gute Sammelergebnisse gewährleisten. Nach einer oberösterreichischen Sage wachsen Heidelbeeren an den Eingängen zur unterirdischen Zwergenwelt und schützen so die Zwerge und ihre Schätze.

Rezepte mit Heidelbeeren

- ■ Heidelbeer-Strudel: S. 88
- ■ Trocknen: S. 117

Wenn sich die Heidelbeersträucher im Frühsommer reich mit ihren rötlichgrünen Blüten schmücken, dann kann man auf einen guten Beerensommer hoffen.

Rauschbeere

Vaccinium uliginosum

Die blauschwarzen, bereiften Beeren der giftverdächtigen Rauschbeere haben farblosen Saft.

- **Familie Heidekrautgewächse** *(Ericaceae)*.
  Stängel aufrecht oder aufsteigend, braun,
  stielrund. Blätter verkehrt-eiförmig, ganzrandig, unterseits blaugrün mit stark hervortre-
  tenden Adern. Weiße oder rosa Blüten zu
  1–4. Die Frucht, größer als die der Heidelbeere, ist eine blauschwarze, bereifte, kugelige, vielsamige Beere, deren Saft (im Gegensatz zu dem der Heidelbeere) farblos ist.
- **Blüte:** Mai bis Juni.
- **Früchte:** August bis September.
- **Höhe:** 30–100 cm.

Der bis in Höhen von über 3000 m in den
Alpen verbreitet, sonst zerstreut wachsende

Strauch ist regional gefährdet, da er in empfind-
lichen Lebensräumen vorkommt.
Giftverdächtig: Früchte. Rausch- und Vergif-
tungszustände nur bei Aufnahme großer Men-
gen.
Die gerbstoffreichen **Beeren** schmecken fad.
Sie wurden nur in kleinen Mengen genossen.
Achtung! Auf Sammeln und Genuss verzichten.

Einbeere

Paris quadrifolia

Die giftige Einbeere galt früher mancherorts als
wirksam gegen die Pest.

- **Familie Liliengewächse** *(Liliaceae)*. Der im
  unteren Teil blattlose Stängel trägt oben
  meist 4 elliptische, bis 10 cm lange, grob
  netznervige Blätter, die quirlständig angeordnet sind. Blüte endständig; 4 äußere grüne
  und 4 innere gelbgrüne Blütenhüllblätter;
  Fruchtknoten schwarzpurpurn glänzend. Die
  Frucht ist eine blauschwarz glänzende, kugelige, etwa kirschgroße Beere mit mehreren
  Samen.
- **Blüte:** Mai bis Juni.
- **Früchte:** Juli bis September.
- **Höhe:** 10–40 cm.

Die Art kommt im südlichen Mitteleuropa bis in
Höhen von etwa 1900 m, vor. Sie tritt in Laub-,
Misch- und Auwäldern verbreitet auf, im Norden
ist sie selten oder fehlt. Regional gefährdet.
Giftig: Gesamte Pflanze, insbesondere Beeren.
Hauptwirkstoffe: Saponine.

Efeu

Hedera helix

- **Familie Efeugewächse** *(Araliaceae)*.
  Stängel und Zweige dicht mit braunen Haftwurzeln besetzt. Die Blätter an nicht blühenden Trieben sind 3–5-eckig gelappt und
  lederartig glänzend; an Blütentrieben länglich-eiförmig, zugespitzt, ganzrandig und
  mattgrün. Blüten klein, unscheinbar, grünlich,
  in halbkugeligen Dolden. Die Frucht ist eine
  blauschwarze, kugelige, erbsengroße Beere
  mit 3–5 Samen.
- **Blüte:** September bis Oktober.
- **Früchte:** März bis April.
- **Kletterhöhe:** 0,5–20 m.

Der immergrüne Strauch klettert mit seinen
Haftwurzeln an einem Baum oder einer anderen Unterlage empor oder liegt am Boden; er
kann im Alter zu einem frei stehenden Baum
werden. Efeu wächst, bis in Höhen von 1800 m
vorkommend, verbreitet in Wäldern, an Felsen
und Mauern.
Giftig: Blätter, Früchte. Hauptwirkstoffe: Saponine vom Triterpentyp.
Schulmedizin: Blätter-Trockenextrakte bei
Katarrhen der Luftwege, insbesondere krampf-
artigem Husten.
Volksmedizin: Zubereitungen aus den Blättern
zudem äußerlich gegen Hautkrankheiten, Kopfweh, Kopfhautschuppen, Hühneraugen, Para-
siten.

Achtung! Wegen der Giftigkeit der Pflanze
keine Selbstbehandlung. Bei Berührung allergische Hautreaktionen möglich.

Mit Waschbrühe aus den Blättern wäscht man
Seide und Wolle schonend und farbauffri-
schend.
Efeu war im alten Ägypten dem Osiris zugeord-
net und symbolisierte die Unsterblichkeit. In
Griechenland war er dem Dionysos geweiht, in
der frühchristlichen Kunst Symbol der Erneue-
rung und des ewigen Lebens. Der seit langer
Zeit als Garten- und Friedhofspflanze beliebte
Efeu soll auch als Abtreibungs- und Empfäng-
nisverhütungsmittel verwendet worden sein.

Erst im Frühjahr reifen die giftigen Beeren des
Efeus. Sie sind in der beerenarmen Jahreszeit eine
beliebte Nahrung verschiedener Vogelarten, die
damit die Verbreitung besorgen.

Schlehdorn

Prunus spinosa

- **Familie Rosengewächse** *(Rosaceae)*. Zweige mit Dornen, stark verästelt, in der Jugend meist samtig behaart; die dunkle Rinde wird später längsrissig. Blätter nach den Blüten erscheinend, kurz gestielt, eiförmig-lanzettlich, 2–5 cm lang, doppelt gesägt. Über die gesamte Zweiglänge verteilen sich die bis 15 mm breiten, kurz gestielten, zart duftenden 5-zähligen Blüten; weiße Kronblätter. Das Fruchtfleisch der schwarzblauen, bereiften, kugeligen, 10–18 mm breiten Steinfrucht haftet fest am Stein.
- **Blüte:** März bis Mai.
- **Früchte:** September bis November.
- **Höhe:** 1–3 m.

Der wegen seiner dunklen Rinde auch Schwarzdorn genannte Strauch wächst in Lagen unter 1600 m verbreitet an Wald-, Feld- und Wegrändern, in Hecken oder an sonnigen Hängen. Durch Kriechwurzeln und Schösslinge kann er sich stark ausbreiten.
Giftig: Samen. Hauptwirkstoffe: Blausäure-Glykoside.

Früchte

Sie schmecken, sauer-herb, wirken zusammenziehend und enthalten Vitamin C sowie andere Vitamine, Mineralstoffe; Gerbstoffe und Anthocyane. Schlehen eignen sich nicht zum Rohverzehr. Nach dem ersten Frost gesammelte (oder

Die großen und attraktiven Früchte des Schlehdorns eignen sich nicht zum Rohverzehr, wohl aber für köstliche Zubereitungen. Die Blüten erscheinen an den ersten warmen Frühlingstagen.

eine Nacht ins Gefrierfach des Kühlschranks ge-
legte) Früchte schmecken milder. Aus den
Früchten stellt man Kompott, Saft, Gelee, Konfitüre, Wein, Likör oder Essig her.
Achtung! Steine im Ganzen entfernen (nicht
zerbeißen, zermahlen oder zerquetschen).

Volksmedizin: Blütentee als mildes Abführ-
und »Blutreinigungsmittel«, Zubereitungen aus

den Früchten zur Stoffwechselanregung, Steige-
rung der Abwehrkräfte bei Erkältung und zur
Kräftigung in der Rekonvaleszenz.

Rezepte mit Schlehdorn

- Schlehen-Saft: S. 101
- Schlehen-Gelee: S. 105
- Schlehen-Wein: S. 112
- Schlehen-Likör: S. 112

Blutroter Hartriegel

Cornus sanguinea

- **Familie Hartriegelgewächse** *(Cornaceae).*
  Junge Zweige mit roter, ältere mit brauner
  Rinde. Blätter gegenständig, eiförmig, mit
  3–5 bogig zur Spitze verlaufenden Nerven;
  blutrote Herbstfärbung. In bis zu 10 cm breiten Scheindolden erscheinen nach der Lau-
  bentfaltung die 4-zähligen weißen Blüten.
  Die beerenartige Steinfrucht ist blauschwarz,
  kugelig, 5–8 mm breit und hat einen kugeligen, glatten Steinkern.
- **Blüte:** Mai bis Juni.
- **Früchte:** Juli bis Oktober.
- **Höhe:** 2–5 m.

Der Strauch besiedelt verbreitet, im Norden zerstreut, Wälder, Waldränder, Gebüsche, Hecken.
Lehmzeiger.

Früchte

Sie schmecken sehr bitter, enthalten Vitamin C,
Calciummalonat und Anthocyane. Vollreif können sie zu Saft, Gelee oder Konfitüre verarbeitet
werden.

Achtung! Rohe Früchte sind ungenießbar und
können Beschwerden im Magen-Darm-Trakt
auslösen.
Verwechslungsgefahr: Faulbaum (S. 32).

**In meist üppigen Trugdolden stehen die im reifen Zustand
blauschwarzen Beeren des Blutroten Hartriegels.**

Faulbaum

Frangula alnus, Syn.: *Rhamnus frangula*

- **Familie Kreuzdorngewächse** *(Rhamnaceae).* Rinde graubraun, mit weißen Rindenporen. Blätter rundlich-eiförmig, ganzrandig, zugespitzt; Blattstiel auf der Sonnenseite rötlich. In blattachselständigen Scheindolden stehen, meist zu 5, die kleinen, unscheinbaren, grünlichweißen Blüten. Die kugelige, erbsengroße beerenartige Steinfrucht ist zunächst grün, später rot, bei der Reife schwarz und enthält 2–3 breite, flache Steine. Meist sind alle Reifestadien gleichzeitig an einer Pflanze zu sehen.
- **Blüte:** Mai bis Juni.
- **Früchte:** August bis September.
- **Höhe:** 1–4 m.

Der dornenlose Strauch wächst selten auch als Baum. Sein Name bezieht sich ebenso wie der Volksname »Stinkstrauch« wohl auf die faulig riechende und schmeckende Rinde. Der Faulbaum siedelt verbreitet und bis in Höhenlagen von 1400 m in feuchten Wäldern, Erlenbrüchen, Mooren, Gebüsch oder an Ufern.

Giftig: Früchte, Blätter, Rinde. Hauptwirkstoffe: Anthranoide (siehe Kreuzdorn S. 35).

Schulmedizin: Zubereitungen aus der 1 Jahr gelagerten Rinde als Abführmittel.

Volksmedizin: Tee aus der Rinde zudem bei Rheuma, Gicht und Hautkrankheiten.

Achtung! Tee oder andere Zubereitungen aus der Rinde nicht über längere Zeit verwenden, bei Darmverschluss sowie während Schwangerschaft und Stillzeit meiden. Kann die Wirkung bestimmter Arzneimittel verstärken.

Erst ab Beginn der Neuzeit scheint die Rinde als Abführmittel eingesetzt worden zu sein. Als billiger Ersatz des teuren Medizinalrhabarbers wurde sie im 17. und 18. Jahrhundert sehr viel verwendet. Aus der Holzkohle des auch »Pulverholz« genannten Strauchs stellte man Schießpulver her.

Die giftigen Steinfrüchte des Faulbaums erscheinen zu wenigen in Trugdolden. Meist zeigen sich verschiedene Reifestadien zu gleicher Zeit an einer Pflanze.

Tollkirsche
Atropa bella-donna

■ **Familie Nachtschattengewächse** *(Solanaceae)*. Der aufrechte Stängel ist stark verästelt. Blätter 8–15 cm lang, ei- bis rautenförmig, zugespitzt, in den kurzen Stiel verschmälert, meist ganzrandig; im unteren Stängelbereich wechselständig, im oberen scheinbar gegenständig (paarweise mit jeweils 1 größeren und 1 kleineren Blatt). Blüten einzeln in den Blattachsen; Kelch 5-spaltig; Krone glockig, außen braunviolett, am Grunde und innen gelblich. Die Frucht ist eine zunächst grüne, in reifem Zustand schwarze, glänzende, kugelige, etwa kirschgroße, vielsamige Beere, die von den ausgebreiteten Kelchzipfeln umgeben wird.

■ **Blüte:** Juni bis August.

■ **Früchte:** August bis September.

■ **Höhe:** 50–150 cm.

Die mit einer mehrköpfigen Wurzel überdauernde Tollkirsche bevorzugt stickstoffreichen, kalkhaltigen Boden. Zerstreut im südlichen, selten im nördlichen Mitteleuropa wächst sie bis in Höhenlagen von 1700 m in Laubwäldern, an Waldrändern, auf Lichtungen.

Sehr stark giftig: Alle Pflanzenteile. Hauptwirk-

Unheimlich und verlockend zugleich zeigt sich die hohe Gestalt der Tollkirsche mit ihren großen, glänzenden, tödlich giftigen Beeren.

stoffe: Alkaloide (L-Hyoscyamin, Atropin, Scopolamin, Atropamin). Schon wenige Beeren können bei Kindern tödlich wirken. Verschiedene Vögel fressen unbeschadet die Früchte und verbreiten so die Samen.

Schulmedizin: Zubereitungen aus Blättern und Wurzeln vor allem als Fertigpräparate gegen Krampfzustände (Magen-Darm-Trakt, Gallenwege). In der Augenheilkunde Wirkstoff Atropin zur diagnostischen und therapeutischen Pupillenerweiterung.

Achtung! Wegen der sehr starken Giftigkeit keine Selbstbehandlung.

Die »Teufelskirsche«, »Tollbeere« oder »Wolfsbeere« war wegen ihrer betäubend-berauschenden Wirkung wichtiger Bestandteil sogenannter Hexen- oder Flugsalben.

Schwarzer Nachtschatten
Solanum nigrum

- **Familie Nachtschattengewächse** (*Solanaceae*). Stängel stark verzweigt. Blätter gestielt, ei- oder rautenförmig, zugespitzt, meist buchtig gezähnt. Kurz gestielte Blüten; Blütenkrone weiß, radförmig, tief 5-spaltig; die 5 Staubblätter neigen sich oben zusammen und bilden so einen den Griffel einschließenden Kegel. Die Frucht ist eine meist schwarze (bei Unterarten auch gelbliche, grünliche oder rötliche), glänzende, kugelige, etwa erbsengroße, vielsamige Beere.
- **Blüte:** Juni bis Oktober.
- **Früchte:** August bis Oktober.
- **Höhe:** 10–80 cm.

Der Schwarze Nachtschatten prunkt oft gleichzeitig mit seinen schönen weißen Blüten und den meist schwarzen glänzenden Beeren.

Das 1-jährige Kraut ist ein Alteinwanderer aus dem Mittelmeerraum. Es wächst, bis in Höhenlagen von 1000 m vorkommend, verbreitet auf Äckern, Schuttplätzen, an Wegrändern, in Gärten.

Stark giftig: Alle Pflanzenteile. Hauptwirkstoffe: Steroid-Alkaloide.

Die »Giftbeere«, »Teufelskirsche«, »Hundsbeere« soll Bestandteil mancher Hexensalben gewesen sein.

Echter Kreuzdorn

Rhamnus cathartica

- **Familie Kreuzdorngewächse** *(Rhamnaceae)*. Die Zweige enden oft mit Dornen. Blätter gegenständig, 3–7 cm lang, gesägt; bogig zur Spitze laufende 3–4 Blattnervenpaare. In Scheindolden stehen die unscheinbaren gelblichgrünen, bis 5 mm breiten, 4-zähligen, 1-geschlechtigen Blüten; sie duften angenehm. Die Steinfrucht ist glänzend blauschwarz, kugelig, erbsengroß und enthält 2–4 Steine.
- **Blüte:** Mai bis Juni.
- **Früchte:** September bis November.
- **Höhe:** 1–3 m (Baum bis 6 m).

Der selten als Baum wachsende Strauch besiedelt bis in Höhenlagen von 1600 m verbreitet, im nördlichen Mitteleuropa zerstreut, Waldränder, lichte Wälder, Hecken, Gebüsche. Regional gefährdet.

Giftig: Früchte, Rinde. Hauptwirkstoffe: Anthrachinone. Anthrachinondrogen regen die Peristaltik des Dickdarms an und wirken abführend. Bei längerer Anwendung können Störungen im Elektrolythaushalt, möglicherweise auch Schädigung des Erbguts und Krebsförderung auftreten.

Schulmedizin: Zubereitungen aus den reifen, getrockneten Früchten als kurzfristig anzuwendendes Abführmittel.

Achtung! Bei längerer Anwendung oder Überdosierung können Erbrechen, starker Durchfall und Nierenreizung auftreten. Nicht anwenden in Schwangerschaft und Stillzeit, bei Kindern unter 10 Jahren, bei akut-entzündlichen Erkrankungen des Darms, Schmerzen unbekannter Ursache im Bauchraum, Darmverschluss.

Die Verwendung als Abführmittel (Name Purgierkreuzdorn) war den Kräuterbuchautoren des 16. Jahrhunderts noch nicht bekannt. Hieronymus Bock weist in seinem »Kreuterbuch« (1551) auf die Herstellung von brauner und grüner Farbe aus den Beeren hin.

In der Walpurgisnacht steckte man vielerorts in Mitteleuropa Kreuzdornzweige vor Fenster oder Türen, um den Hexen den Eingang zu verwehren.

Die giftigen Kreuzdornbeeren werden wegen möglicher Nebenwirkungen heute eher selten als kurzzeitig einzusetzendes Abführmittel verwendet.

Christophskraut
Actaea spicata

- **Familie Hahnenfußgewächse** *(Ranunculaceae)*. Der aufrechte Stängel ist verzweigt. Blätter lang gestielt, doppelt bis 3-fach 3-zählig gefiedert, bis 40 cm lang; Fiedern gesägt. In dichten Trauben stehen am Stängelende oder in den Blattachseln die 4–6 mm breiten Blüten; weiße Blütenhüllblätter oft beim Aufblühen abfallend; zahlreiche weiße Staubblätter aus der Blüte ragend. Die Frucht ist eine schwarz glänzende, kugelig-eiförmige, etwa erbsengroße Beere mit mehreren flachgedrückten Samen. Die Pflanze verströmt einen unangenehmen Geruch.
- **Blüte:** Mai bis Juli.
- **Früchte:** Juli bis September.
- **Höhe:** 20–60 cm.

Das mit kräftigem Wurzelstock ausdauernde Christophskraut bevorzugt nährstoffreiche, etwas kalkhaltige Böden und hohe Luftfeuchtigkeit. Es wächst in Mittelgebirgen und den Alpen bis in Lagen von etwa 1500 m verbreitet, sonst zerstreut bis selten in Bergwäldern, Schluchtwäldern, Laubmischwäldern.
Wenig giftig: Gesamte Pflanze. Hauptwirkstoffe: Ein auslösender Stoff für die bisweilen beschriebenen Wirkungen – hautreizend bei äußerlicher, Erbrechen und Durchfall bei innerlicher Verwendung – ist unbekannt. Weder Protoanemonin noch andere stark wirkende Inhaltsstoffe wurden gefunden.

Der wissenschaftliche Name bezieht sich auf Aktaeon, einen Jäger der griechischen Sage, der heimlich Artemis mit ihren Nymphen beim Baden beobachtete. Die erzürnte Göttin verwandelte Aktaeon in einen Hirsch und fütterte seine Jagdhunde mit Christophskraut. Diese, dadurch rasend geworden, zerrissen ihren Herrn.
Die Pflanze ist mit dem heiligen Christophorus, einem der 14 Nothelfer, verbunden. Er war im Volksglauben Meister aller Dämonen und Helfer beim Schatzgraben (»Christoffeln«), bei dem auch das Christophskraut durch Vertreiben des den Schatz bewachenden Geists hilfreich ist.

Die kugelig-eiförmigen, giftigen Beeren des Christophskrauts sind traubig angeordnet und in reifem Zustand glänzend schwarz.

Gewöhnlicher Liguster, Rainweide

Ligustrum vulgare

- **Familie Ölbaumgewächse** *(Oleaceae)*. Die langen, dünnen Zweige sind graubraun und stark verästelt. Blätter meist gegenständig, länglich-lanzettlich, ganzrandig, lederartig, kurz gestielt, 3–6 cm lang. In endständigen, 3–8 cm langen pyramidenförmigen Rispen erscheinen die stark duftenden kleinen Blüten mit 4-zipfeliger, sternförmig ausgebreiteter, 4–6 mm breiter, weißer oder grünlichweißer Krone. Die Früchte sind zunächst grüne, bei der Reife glänzend schwarze, kugelige, 5–10 mm breite, 2-samige Beeren, die oft bis in den Winter am Strauch bleiben.
- **Blüte:** Juni bis Juli.
- **Früchte:** September bis Dezember.
- **Höhe:** 1–5 m.

Der teilweise immergrüne Strauch steigt bis in Höhen von 1100 m hinauf. Er siedelt verbreitet, im Norden seltener, in lichten Wäldern, an Waldrändern, in Auwäldern, sonnigem Gebüsch.

Giftig: Rinde, Blätter, Früchte. Hauptwirkstoffe: Iridoid-Bitterstoffe, Alkaloide. Über den Giftigkeitsgrad besteht keine Einigkeit. Es gibt etliche Berichte von nicht klar belegten, angeblich durch den Genuss von Früchten der »Teufelsbeere« oder »Hundsbeere« verursachten Todesfällen, auch von gelegentlichen Hautreizungen (»Ligusterdermatitis«) und Tiervergiftungen.

Hildegard von Bingen schreibt zum »Schulbaum«: »Aber sein Saft und seine Frucht sind unnütz zum Gebrauch des Menschen. Denn wenn ein Mensch von seinem Samen oder seiner Frucht äße, wäre es für ihn wie Gift.« Dennoch wurde die Pflanze in der früheren Volksmedizin verwendet, etwa der Absud aus den Blättern zum Gurgeln gegen Mundfäule, Mumps und Fieber.

Liguster ist eine traditionelle Heckenpflanze. Die Beeren wurden zum Schwarz- und Grünfärben von Leder und Wolle benutzt, zur Herstellung von Tinte (Name »Tintenbeere«), auch zum Färben von Rotwein.

Oftmals bis weit in den Winter bleiben die glänzend schwarzen, giftigen Ligusterbeeren am Strauch und bieten den Vögeln Nahrung.

Schwarze Johannisbeere
Ribes nigrum

- **Familie Stachelbeergewächse** (*Grossularia-ceae*). Zweige rutenförmig, stachellos, mit Drüsen besetzt; junge Zweige kurz behaart. Blätter bis 10 cm breit, 3–5-lappig, Lappen grob gezähnt, auf der Unterseite mit gelben Drüsen. In lockeren, hängenden Trauben erscheinen die glockenförmigen Blüten; 5 grünlichrote, weich behaarte, vorne etwas zurückgeschlagene Kelchblätter; 5 rötliche Kronblätter. Die Frucht ist eine schwarze, kugelige, erbsengroße, drüsig punktierte Beere mit strengem Geruch.

- **Blüte:** April bis Mai.
- **Früchte:** Juni bis August.
- **Höhe:** 80–200 cm.

Der unangenehm (angeblich nach Wanzen) riechende Strauch besiedelt bis in Höhen von 1000 m zerstreut Auwälder, Erlengebüsch und sumpfige Wiesen. Er ist stellenweise aus Kulturen verwildert. Regional gefährdet.

Früchte
Sie schmecken streng aromatisch, haben einen hohen Gehalt an Fruchtsäuren, enthalten sehr viel Vitamin C, andere Vitamine wie Pantothensäure, Mineralstoffe (v. a. Eisen, Kalium, Magnesium, Phosphor), Anthocyane, andere Flavonoide sowie ätherisches Öl. Sie eignen sich zum Rohverzehr sowie für die Bereitung von Konfitüre, Saft, Gelee oder als Kuchenbelag. Die Beeren werden auch zu Likör verarbeitet, etwa dem berühmten »Crème de Cassis«.

Volksmedizin: Tee aus frischen oder getrockneten Früchten sowie Fruchtsaft zum Gurgeln bei Entzündungen im Mund-Rachen-Raum und als Vorbeugung gegen Erkältungskrankheiten. Tee aus den getrockneten Blättern bei Erkrankungen der Harnwege, rheumatischen Beschwerden (Volksname »Gichtbeere«) und leichten Durchfallerkrankungen.

Achtung! Blättertee nicht bei Ödemen infolge eingeschränkter Herz- oder Nierentätigkeit trinken.

Die drüsig punktierten, streng aromatisch schmeckenden Früchte der Schwarzen Johannisbeere eignen sich zum Rohverzehr und lassen sich vielfältig verarbeiten.

Kratzbeere, Ackerbrombeere

Rubus caesius

- **Familie Rosengewächse** *(Rosaceae)*. Stängel anfangs aufrecht, später dann niederliegend; lang, dünn, bestachelt und bläulich bereift. Die 3-zähligen Blätter sind behaart und grob gezähnt. In wenigblütigen Blütenständen erscheinen die 20–25 mm breiten Blüten; weiße Kronblätter. Die Sammelfrucht, der die eiförmig-schmalen Kelchblätter anliegen, besteht aus nur wenigen (5–20), schwarzen, stark bläulich bereiften Früchtchen. Sie löst sich mitsamt Blütenboden ab.
- **Blüte:** Mai bis Juli.
- **Früchte:** August bis Oktober.
- **Höhe:** 20–60 cm.

Der bis 2 m tief wurzelnde Strauch wächst bis in Höhenlagen von 2000 m verbreitet auf sickerfeuchten, auch zeitweise überschwemmten, nährstoffreichen Böden an Wegrändern, auf Äckern und in Auwäldern. Der Begriff »Kratzbeere« bezeichnet mancherorts auch die Brombeere.

Früchte

Sie sind sehr saftreich und wenig aromatisch, ähneln in ihren Inhaltsstoffen den Brombeeren und lassen sich zu Saft, Sirup, Gelee, Konfitüre oder Wein verarbeiten.

Man hat aus den Früchten in früheren Zeiten eine blaue Farbe gewonnen.

Die Sammelfrucht der Kratzbeere besteht aus nur wenigen, bläulich bereiften Früchtchen. Damit unterscheidet sie sich deutlich von der Frucht der Echten Brombeere.

Echte Brombeere

Rubus fruticosus

- **Familie Rosengewächse** *(Rosaceae)*. Der Strauch zeigt unterschiedlichen Wuchs: Die grünen, mit Stacheln versehenen Stängel können niederliegend, aufrecht oder bogenförmig überhängend wachsen. Blätter 3–7-zählig gefiedert; Fiedern eiförmig, spitz, gesägt; Blattstiel und Nerven mit rückwärts gerichteten Stacheln. In lockeren Trauben erscheinen die 5-zähligen, etwa 2 cm breiten Blüten; Kronblätter weiß oder rosa; zahlreiche Staub- und Fruchtblätter; Blütenstiele drüsig.

Die bis 20 mm breite Sammelfrucht besteht aus 20–50 kugeligen, schwarz glänzenden Steinfrüchtchen. Sie löst sich zusammen mit dem Blütenboden ab.
- **Blüte:** Juni bis August.
- **Früchte:** August bis Oktober.
- **Höhe:** 50–200 cm.

Der teilweise wintergrüne Strauch, dessen Blätter nicht selten grün oder rot überwintern und dessen Schösslinge sich an der Spitze bewurzeln,

Aus den schönen großen Blüten der Echten Brombeere entwickeln sich die aromatischen Früchte, die sich roh genießen oder verarbeiten lassen.

bildet oft ein dichtes und undurchdringliches Gestrüpp. Die Brombeere wächst von der Ebene bis in Höhen von 1600 m häufig in Wäldern, Gebüschen, Hecken, auf Lichtungen und Heiden.

Früchte

Sie schmecken in reifem Zustand sehr aromatisch, sind reich an Fruchtsäuren und Pektinen, enthalten Vitamine (u. a. A, C, E), Mineralstoffe (v. a. Calcium, Eisen), Anthocyane, Carotinoide als Betacarotin (Provitamin A) und haben einen hohen Gehalt an Gerbstoffen (v. a. Gallotannine und Ellagitannine). Brombeeren schmecken roh sehr gut, etwa in Quark, Joghurt, Obstsalat oder als Kuchenbelag. Auch zu Kompott, Saft, Gelee, Marmelade, Wein oder Likör werden sie verarbeitet. Der Brombeersaft ist ähnlich wie Himbeersaft ein angenehmer Trank für Fieberkranke. Das Gelee hat man früher auch als schleimlösende Köstlichkeit bei Husten und Verschleimung gereicht.
Verwechslungsmöglichkeit: Kratzbeere (S. 39).

Blätter: Im Frühjahr gesammelte junge Blätter ergeben, auch mit Erdbeer- und/oder Himbeerblättern gemischt, einen schmackhaften Haustee.
Schulmedizin und **Volksmedizin:** Zubereitungen aus den Blättern bei unspezifischen akuten Durchfallerkrankungen, äußerlich bei leichten Entzündungen der Mund- und Rachenschleimhaut. Die Früchte gelten in der Volksmedizin als beruhigend und schlaffördernd, der Brombeersaft als Gurgelmittel gegen Heiserkeit.

Wer unter den stacheligen Zweigen hindurchkriecht, kann Krankheiten abstreifen oder Hellsichtigkeit erwerben – so hieß es jedenfalls früher. Ein heimlich bei sich getragener Brombeerzweig sollte bewirken, dass man die Hexen erkennen kann.

Verwandte Arten

Rubus fruticosus ist eine Sammelart und umfasst eine Vielzahl schwer unterscheidbarer Kleinarten. Die mehrjährige krautige **Moltebeere** (*Rubus chamaemorus*) bewohnt Moore und trägt gelborangefarbene Früchte.

Rezepte mit Brombeeren

- Kartoffel-Apfel-Gratin mit Brombeeren: S. 89
- Mandel-Safran-Flammeri mit Brombeeren: S. 92
- Brombeer-Kuchen mit Streuseln: S. 97
- Weißdorn-Brombeer-Gelee: S. 102
- Brombeeren in Essig: S. 115

In der Natur bietet sich dieser hübsche Anblick nur selten: Früchte der Moltebeere, einer Verwandten von Brombeere und Himbeere, die gesetzlich besonders geschützt sind.

Schwarzer Holunder
Sambucus nigra

■ **Familie Geißblattgewächse** *(Caprifoliaceae).* Rinde grau, warzig, unangenehm riechend; Mark der Zweige weiß. Blätter gegenständig, mit 5–9 Fiedern unpaarig gefiedert; Fiedern 5–10 cm lang, eiförmig-lanzettlich, ungleich gesägt, unterseits schwach behaart. In endständigen, flachen, 10–20 cm breiten Scheindolden mit meist 5 Hauptstrahlen erscheinen die duftenden, 5-zähligen Blüten mit Kelch und radförmig ausgebreiteter, gelblichweißer, 5–8 mm breiter Krone. Reifer Fruchtstand überhängend. Die beerenartige Steinfrucht ist schwarz-violett glänzend, kugelig, 5–6 mm breit und enthält meist 3 Steinkerne.

■ **Blüte:** Mai bis Juli.
■ **Früchte:** September.
■ **Höhe:** 2–7 m.

Der Strauch oder kleine Baum wurde früher vielfach in die Nähe menschlicher Wohnungen gepflanzt. Man findet den Nährstoffzeiger häufig und bis in Höhen von 1600 m an Waldrändern, in Auwäldern, feuchten Laub- und Mischwäldern, in Gebüschen, auf Viehweiden und Schuttplätzen.
Wenig giftig: Blätter, frische Rinde, unreife Früchte. Hauptwirkstoffe: Blausäure-Glykosid Sambunigrin, Chlorogensäure.

Früchte
Sie schmecken herb-aromatisch und enthalten Fruchtsäuren, Zucker, Flavonoide, Vitamine (u. a. B_1, B_2, C, Folsäure), Mineralstoffe (viel Eisen); Anthocyane und andere Flavonoide sowie ätherisches Öl. Man sammelt sie vollreif und verarbeitet sie zu Suppe, Saft, Gelee, Mus, Konfitüre, Desserts, wobei sie sich gut mit Äpfeln, Quitten und Zwetschgen »vertragen«. Mit den Früchten wurden auch Speisen, Leder und Haare gefärbt.
Achtung! Unreife und ungekochte Früchte sind ungenießbar und können Beschwerden wie Übelkeit und Erbrechen hervorrufen.
Verwechslungsgefahr: Attich (S. 44).

Blüten: Sie werden für die seit alten Zeiten beliebte Kultspeise »Hollerkücheln« in Pfannkuch-

Aus den stark duftenden Blüten des Schwarzen Holunders wird seit alten Zeiten die beliebte Kultspeise »Hollerkücheln« bereitet.

enteig herausgebacken sowie zur Aromatisierung von Desserts und Essig, zur Bereitung von Milchgetränken, Limonade, Sirup und Holundersekt verwendet. Die Blätter hat man vereinzelt dem Tabak beigemischt.

Schulmedizin: Tee aus den Blüten als schweißtreibendes Mittel bei (drohenden) grippalen Infekten und zur Abwehrsteigerung.

Volksmedizin: Blütentee gegen Rheuma und Gicht; getrocknete Früchte als Abführmittel, Saft und Mus bei Erkältungskrankheiten.
Hildegard von Bingen hielt wenig von den Früchten, lobte jedoch die schweißtreibende Wirkung der Blätter im Dampfbad bei Gelbsucht.

In jungsteinzeitlichen Niederlassungen fanden sich Samen. Auch in der Antike wurde der Holunder verwendet. In Mitteleuropa galt »Herr Holler« als dem Menschen wohlgesinnter Geist, dessen Verstümmelung oder Fällung Unheil über Haus und Hof brachte. Der Holunder beschützte vor Hexen und bösen Geistern. Wegen seiner vielfältigen arzneilichen Nutzung hieß er »Hausapotheke« der Bauern.

Rezepte mit Holunderbeeren

- Holunderbeer-Suppe mit Dinkelgrieß-Nockerl: S. 87
- Holunderbeer-Creme mit Hirsebrei: S. 90

Die intensiv dunkelviolettfarbenen reifen Früchte des Schwarzen Holunders dürfen nur gekocht verwendet werden.

Attich, Zwergholunder
Sambucus ebulus

- **Familie Geißblattgewächse** (*Caprifoliaceae*). Der gefurchte Stängel ist meist unverzweigt. Blätter gestielt, unpaarig gefiedert; 5–9 Fiedern, eiförmig-lanzettlich, zugespitzt, scharf gesägt, bis 15 cm lang. In endständigen, flachen, bis 16 cm breiten Scheindolden stehen die Blüten; Krone weiß oder rötlich, 5-zipfelig, radförmig ausgebreitet, bis 10 mm breit; Staubbeutel zunächst rot, später schwarz. Reifer Fruchtstand aufrecht. Die beerenartige Steinfrucht ist glänzend schwarz (selten grün), kugelig, 5–6 mm breit und enthält meist 3 Steinkerne. Die Pflanze riecht widerlich.
- **Blüte:** Juni bis August.
- **Früchte:** August bis September.
- **Höhe:** 50–200 cm.

Der mit einem im Boden kriechenden Wurzelstock überdauernde krautige Zwergholunder ist ein Lehm- und Stickstoffzeiger. Er wächst bis in Lagen von 1300 m Höhe an Waldrändern, auf Lichtungen und in Hecken; verbreitet bis zerstreut auftretend im südlichen und mittleren Mitteleuropa, im Norden fehlend oder als Neueinwanderer. Regional gefährdet.
Giftig: Alle Pflanzenteile, insbesondere die Samen. Hauptwirkstoffe: Bitterstoffe.

Bei den Kelten stand Attich als Heilpflanze in hohem Ansehen. Hildegard von Bingen warnte vor innerlicher Verwendung, empfahl »Hatich« aber äußerlich, etwa um den Kopf gebunden, gegen Kopfweh. In der früheren Volksmedizin setzte man Tee aus der Wurzel als harntreibendes Mittel und gegen rheumatische Beschwerden, den Blättertee bei Erkrankung der Atemwege, das Beerenmus als Abführmittel ein. Der durch Anthocyane dunkelblau bis violett gefärbte Saft der Früchte diente einst zum Färben von Leinen und Wolle sowie zur Herstellung einer blauvioletten Schreibflüssigkeit. Mit den unangenehm riechenden Blüten und Blättern der Pflanze vertrieb man Läuse, Wanzen, Mäuse und Ratten.

Der stattliche, aber unangenehmen Duft verströmende, in allen Teilen giftige Attich zeigt oft gleichzeitig Blüten und Früchte.

Gewöhnliche Traubenkirsche
Prunus padus

- **Familie Rosengewächse** *(Rosaceae)*. Krone ausladend; Zweige überhängend; Rinde schwarzgrau, später längsrissig. Die bis 12 cm langen, elliptischen, scharf gesägten, kahlen Blätter sind lang zugespitzt; Oberseite dunkelgrün, Unterseite bläulichgrün; am 10–15 mm langen Stiel meist 2 grüne Drüsen. In zunächst aufrechten, später hängenden Trauben erscheinen zu 10–20 die stark duftenden, bis 2 cm breiten Blüten; 5 drüsig gefranste Kelchblätter, 5 weiße Kronblätter, gelbe Staubbeutel. Die Steinfrucht ist schwarzrot, glänzend, kugelig, erbsengroß und enthält einen gefurchten Stein.
- **Blüte:** April bis Mai.
- **Früchte:** Juni bis August.
- **Höhe:** 1–12 m.

Der Großstrauch oder Baum kommt verbreitet in Auwäldern, an Waldrändern und an Bächen vor.
Wenig giftig: Gesamte Pflanze, insbesondere Rinde und Samen. Hauptwirkstoffe: Blausäure-Glykoside.

Da die Früchte der Gewöhnlichen Traubenkirsche bei Vögeln sehr beliebt sind, sollte man mit dem Sammeln nicht lange warten (und den Tieren genügend übrig lassen).

Früchte

Sie enthalten Bitterstoffe und Anthocyane, schmecken in rohem Zustand unangenehm bittersüß und sind nur gekocht genießbar. Da sie bei Vögeln und Kleinsäugern beliebt sind, sollte man mit dem Sammeln nicht lange warten (den Tieren aber genügend übrig lassen). Aus den Früchten kann man – nach dem Entfernen der Steine – Mus, Konfitüre oder Gelee bereiten. Sie eignen sich insbesondere auch zur Mischung mit milder schmeckenden Wildfrüchten wie Himbeeren.

Oberseits auffallend glänzend sind die Blätter der Spätblühenden Traubenkirsche. Die Früchte reifen erst ab August.

Achtung! Früchte nur in kleinen Mengen und nicht roh verzehren. Die Steine stets im Ganzen entfernen, nicht zerbeißen, zermahlen oder zerquetschen.

Volksmedizin: In früheren Zeiten verwendete man Tee aus Blüten und Blättern bei Lungenleiden, die Abkochung aus der Rinde gegen Gicht, die getrockneten und zerriebenen Steine gegen Steinleiden.

In Notzeiten hat man aus den gerösteten Samen Kaffee-Ersatz bereitet. Die Früchte dienten zum Rotfärben von Wein und Branntwein. Aus dem harten Holz wurden unter anderem Pfeifenrohre gefertigt.

Dem »Trudenbaum« oder »Elsenbaum« wurden als Duftpflanze besondere Kräfte gegen Hexen und böse Geister zugeschrieben. Ein am Karfreitag geschnittener Zweig sollte gegen alle Arten von Zauberei helfen.

Verwandte Art

Die im 17. Jahrhundert aus Nordamerika nach Europa eingeführte, bis 30 m hohe **Spätblühende Traubenkirsche** *(Prunus serotina)* wird als Ziergehölz in Gärten und Parks angepflanzt und wächst verwildert an Waldrändern und im Wald. Blätter ledrig glänzend; im Juni weiße Blüten in auffälligen Trauben. Die schwarzrote, 8–10 mm breite, ab August reifende Frucht enthält einen glatten Stein. Die gesamte Pflanze, insbesondere aber Rinde und Samen sind **giftig**.

Achtung! Siehe oben bei Gewöhnliche Traubenkirsche.

Rezept mit Traubenkirschen

Traubenkirschen-Himbeer-Konfitüre: S. 109

Wolliger Schneeball, Schlinge
Viburnum lantana

- **Familie Geißblattgewächse** (*Caprifolia-ceae*). Rinde graubraun, längsrissig; Zweige stark verästelt. Blätter eiförmig, ungeteilt, runzlig, bis 12 cm lang, scharf gezähnt, unterseits dicht filzig behaart. In schirmförmigen Scheindolden stehen die kleinen, weißen, intensiv süßlich duftenden Blüten; alle Blüten eines Blütenstandes sind gleich gestaltet; Krone glockig-radförmig mit 5-spaltigem Saum. Die zunächst rote, bei der Reife schwarze, leicht glänzende, flach eiförmige, ca. 8 mm breite beerenartige Steinfrucht enthält einen flachen Stein; oft rote und schwarze Früchte gleichzeitig im Fruchtstand.
- **Blüte:** April bis Mai.
- **Früchte:** September.
- **Höhe:** 1–4 m.

Der sich auch durch Wurzelschösslinge vermehrende Strauch wächst bis in Höhenlagen von 1400 m an Waldrändern, in lichten Wäldern oder Gebüsch verbreitet bis zerstreut im südlichen, seltener im nördlichen Mitteleuropa. Er wird als Zierstrauch gepflanzt und verwildert bisweilen.

Giftig: Blätter, Rinde, Früchte. Über die Giftigkeit der Früchte besteht Uneinigkeit. Gesundheitsstörungen wie Durchfall und Erbrechen kommen wohl nur bei Genuss großer Mengen, roher oder unreifer Früchte vor. Hauptwirkstoffe: Bitterstoffe und andere Stoffe, zu denen genauere Inhaltsangaben fehlen.

Früher hat man die Früchte zu Saft, Gelee und Mus verarbeitet. Die Kinder sammelten die Früchte in halbreifem Zustand und ließen sie unter dem Bett vollreif werden, um sie dann zu verspeisen. Die biegsamen Zweige wurden als Bindematerial verwendet. Aus den Stämmchen und Zweigen hat man Pfeifenrohre und Fassreifen gefertigt.

In Altbayern durfte früher das Vieh nicht mit einem Schlinge-Stecken getrieben oder geschlagen werden.

Beim Wolligen Schneeball sieht man oftmals unreife rote und reife schwarze Früchte in einem Fruchtstand.

Eberesche, Vogelbeerbaum

Sorbus aucuparia

- **Familie Rosengewächse** *(Rosaceae)*. Rinde hellgrau, glatt, glänzend; später schwärzlich, längsrissig. Die bis 20 cm langen Blätter sind mit 5–7 Fiederpaaren unpaarig gefiedert; Fiedern länglich-lanzettlich bis elliptisch-eiförmig, scharf gesägt, 4–6 cm lang, oberseits dunkelgrün, unterseits graugrün. In 8–12 cm breiten, reichblütigen doldenartigen Rispen erscheinen nach dem Laubaustrieb die stark duftenden Blüten; 5 gelblichweiße, 4–5 mm lange Kronblätter. Die orange-, korallen- oder scharlachrote, kugelige, etwa erbsengroße Apfelfrucht enthält mehrere rötliche, spitze Kerne.
- **Blüte:** Mai bis Juni.
- **Früchte:** August bis Oktober.
- **Höhe:** 3–15 m.

Der Strauch oder Baum wächst in Lagen bis 2000 m Höhe verbreitet in Wäldern, Gebüschen, auf Brachflächen und an Waldrändern. Die anspruchslose und robuste Eberesche wird häufig als Straßenbaum oder in Gärten und Parks gepflanzt.

Schwach giftig: Früchte. Hauptwirkstoffe: Parasorbinsäure, Blausäure-Glykoside.

Früchte

Sie schmecken herb-sauer, sind reich an Fruchtsäuren, enthalten Sorbin und Parasorbinsäure, den Zuckeralkohol Sorbit, Vitamine (viel Vitamin C), Mineralstoffe (u. a. Calcium, Magnesium, Eisen, Kalium, Zink), ätherisches Öl, Anthocyane, Carotinoide, Gerbstoffe und Bitterstoffe. Roh sind die Früchte nicht genießbar. Während man

Die hell- bis scharlachroten »Vogelbeeren« sind für sehr viele Vogelarten eine wichtige Nahrung.

für Kompott, Konfitüre und Likör die bereits vom ersten Frost etwas erweichten und im Geschmack gemilderten »Beeren« sammelt, nimmt man zur Bereitung von Saft und Gelee die noch harten und saftigeren. Ebereschen-Gelee schmeckt besonders gut zu Wildgerichten. Für Konfitüre empfiehlt es sich, die Vogelbeeren mit anderen, milder schmeckenden Früchten wie Äpfeln, Birnen oder Preiselbeeren zu mischen. Ebereschenfrüchte waren früher Bestandteil der »Vierfruchtmarmelade«.

Die Früchte sollte man vor der Weiterverarbeitung entbittern (siehe S. 91). Für den Garten bietet der Fachhandel neben der Wildform auch Zuchtformen mit milder schmeckenden Früchten an.

Achtung! Ungekochte Früchte können den Magen-Darm-Trakt reizen; daher nicht in größeren Mengen verzehren.

Volksmedizin: Fruchtmus bei Magenverstimmung und Appetitlosigkeit, Tee aus den getrockneten Früchten als mildes Abführmittel und harntreibendes Mittel.

Die Früchte dienten auf Vogelherden (Fangplätzen für Vögel) zum Anlocken der Tiere. Rinde, Zweige, Blätter und unreife Früchte wurden bisweilen zum Gerben verwendet. Das harte Holz ist ein gutes Werkholz. Der Name leitet sich entweder von Eibe (ebenfalls rote »Beeren«) oder wegen der Blattform von »Aberesche« (falsche Esche) ab. Nach nordischem Mythos rettete sich einst der Wettergott Thor an einem Ebereschenzweig aus einem reißenden Fluss. Ebereschenzweige dienten mancherorts als Gesundheit und Fruchtbarkeit fördernde »Lebensrute«, mit der im Frühjahr erstmals die Kühe auf die Weide getrieben wurden.

Verwandte Art

Die 1–3 m hohe **Zwergmispeleberesche** *(Sorbus chamaemespilus)*, auch Zwergmehlbeere genannt, siedelt bis in Lagen über 2000 m zerstreut in den Alpen, selten im Schwarzwald, im südlichen Schweizer Jura und in den Vogesen. Sie tritt in lichten Wäldern, Bergwäldern, in sonnigem Gebüsch und im Zwergstrauchgebüsch auf. Blätter eiförmig, ungeteilt, einfach oder doppelt gesägt. Im Juni/Juli erscheinen in doldenartigen, 5–7 cm breiten, weißfilzig behaarten Blütenständen kleine Blüten mit dunkelrosa Kronblättern. Die kugeligen bis eiförmigen, scharlachroten, 10–13 mm langen Apfelfrüchte sind essbar. Wegen ihrer Seltenheit sollte man sie nicht sammeln.

Rezepte mit Vogelbeeren

- Schmorfleisch mit Vogelbeer-Soße: S. 91
- Ebereschen-Birnen-Gelee: S. 103
- Trocknen: S. 117

Ein seltenes Beerengehölz ist die Zwergmispeleberesche. Ihre kleinen, essbaren Apfelfrüchte sollten daher nicht gesammelt werden.

Traubenholunder, Roter Holunder

Sambucus racemosa

- **Familie Geißblattgewächse** *(Caprifoliaceae)*. Zweige mit gelblichem oder gelblich braunem Mark. Blätter gegenständig, unpaarig gefiedert mit 3–7 eiförmig-lanzettlichen, zugespitzten, fein gesägten Fiedern. In aufrechten, ei- oder kegelförmigen, bis 6 cm breiten Rispen erscheinen dicht gedrängt die kleinen Blüten; Blütenkrone grünlichgelb, bis 5 mm breit; Staubbeutel gelb. Die beerenartige Steinfrucht ist scharlachrot, kugelig, etwa 5 mm breit und enthält 3 bräunliche, flache Steinkerne.
- **Blüte:** März bis Mai.
- **Früchte:** Juni bis August.
- **Höhe:** 2–4 m.

Der kalkmeidende Strauch zeigt stickstoffreiche Standorte an und wächst in Lagen bis 1900 m in Bergwäldern, Gebüschen, Waldlichtungen – im Bergland verbreitet, sonst zerstreut, im Norden selten.
Wenig giftig: Ganze Pflanze, Fruchtfleisch, Samen. Hauptwirkstoffe: Blausäure-Glykoside; in den Samen zudem ein harzartiges, die Schleimhaut reizendes Stoffgemisch.

Ab Juni schmückt der Traubenholunder mit seinen aus grünem Laub scharlachrot hervorleuchtenden Fruchtdolden so manchen Waldrand.

Früchte

Sie schmecken leicht säuerlich, enthalten viel Pektin, Vitamine (u. a. B_1, C), Mineralstoffe, Carotinoide, Gerbstoffe. Man kann sie zu Saft oder Gelee verarbeiten. Der durch warme Saftgewinnung erhaltene Saft ist herb, durstlöschend und galt früher als Hustensaft.
Achtung! Früchte nur gekocht verwenden. Steinkerne unbeschädigt entfernen. Falls sich beim Kochen eine Ölschicht auf der Oberfläche absetzt, sollte man diese abschöpfen.

Der Strauch heißt auch »Hirschholder«. Mit den Früchten soll man früher bisweilen gefärbt haben.

Rezept mit Traubenholunderbeeren

Traubenholunder-Saft: S. 101

Echte Mehlbeere

Sorbus aria

- **Familie Rosengewächse** *(Rosaceae)*. Rinde schwarzgrau, weiß gefleckt; lange glatt bleibend, später längsrissig. Blattunterseite, Blütenstiele und Kelch durch weiße Filzhaare »mehlig«. Blätter ungeteilt, eiförmig bis elliptisch, 5–12 cm lang, ungleichmäßig doppelt gesägt. In aufrechten, 6–10 cm breiten doldenartigen Rispen erscheinen die Blüten; cremeweiße Kronblätter. Die orange- bis scharlachrote, kugelige, 10–20 mm breite Apfelfrucht enthält 2 Samen.
- **Blüte:** Mai bis Juni.
- **Früchte:** September bis November.
- **Höhe:** 3–15 m.

Der kalkliebende Baum (oder Strauch) wächst bis in Lagen von fast 2000 m zerstreut im Süden und Westen, selten im Norden, an sonnigen, trockenen Hängen, in Bergwäldern und an Waldrändern. Regional ausgestorben.

Früchte

Sie schmecken mehlig und fade. In ihren Inhaltsstoffen ähneln sie den Ebereschenfrüchten. Im Gegensatz zu diesen sind Mehlbeeren, besonders nach dem ersten Frost, auch roh genießbar. Man verarbeitet sie aber vor allem zu Kompott, Saft oder Konfitüre. Geschätzt waren sie insbesondere als Zusatz zu saftreichen Früchten. Auch ein beliebter Branntwein wurde daraus hergestellt. Die getrockneten Früchte, die sehr schmackhaft sein sollen, wurden in Notzeiten gemahlen dem Brotmehl beigemengt. Das weiße, harte, zähe und glatte Holz war für Flöten, Zähnen in Mühlrädern und zu Drechslerarbeiten begehrt. Als Zierbaum wird die Mehlbeere in etlichen Sorten kultiviert.

Verwandte Art

Die **Schwedische Mehlbeere** *(Sorbus intermedia)*, in den Ostseeländern heimisch, ist in Mitteleuropa ein selten verwildernder Park- und Straßenbaum. Blätter ledrig, gelappt, unregelmäßig gesägt; oberseits glänzend, unterseits filzig behaart. Blüten und Früchte (nur gekocht genießbar) ähnlich wie die der Echten Mehlbeere.

Die Echte Mehlbeere mit ihren mehlig und etwas fad schmeckende Apfelfrüchten ist eine ziemlich seltene Gehölzart des Berglandes.

Eingriffeliger Weißdorn

Crataegus monogyna

- **Familie Rosengewächse** *(Rosaceae)*.
  Zweige mit starken, spitzen, bis 3 cm langen
  Dornen. Die 3-eckigen, bis 5 cm langen Blätter sind mit 3–5 Lappen tief gelappt; Lappen
  ganzrandig oder an der Spitze gezähnt. In
  doldenartigen Rispen erscheinen die stark
  duftenden, weißen, 10–15 mm breiten,
  5-zähligen Blüten; 1 Griffel; Blütenstiele behaart. Die rote, rundlich-eiförmige Apfelfrucht
  ist etwa 10 mm lang; sie enthält meist nur
  1 Steinkern.

- **Blüte:** Mai bis Juni.
- **Früchte:** August bis Oktober.
- **Höhe:** 2–5 m (als Baum bis 8 m).

Der Strauch oder Baum wächst bis in Höhen
von 1500 m verbreitet in Laub- und Auwäldern,
am Waldrand, in Gebüsch und Hecken sowie
an felsigen Hängen. Häufig wird er in Anlagen,
Parks und Gärten gepflanzt. Er bevorzugt son-
nige, mäßig warme, kalkreiche und stickstoff-
arme Standorte.

Die roh sehr mehlig schmeckenden Apfelfrüchte des Eingriffeligen Weißdorns enthalten meist nur
einen Steinkern.

Früchte

Sie sind reich an verschiedenen Flavonoiden. Roh schmecken sie mehlig und fad. Man verarbeitet die »Mehlfässchen«, insbesondere gemischt mit Äpfeln, Brombeeren, Himbeeren und Holunderfrüchten, zu Kompott, Gelee, Mus und Konfitüre. Wegen ihres hohen Pektingehalts dienen sie als Gelierhilfe für die genannten pektinarmen Früchte. Die getrockneten Früchte eignen sich – allein oder in einer Mischung – für Haustee. In Notzeiten wurden sie auch zu einer Art Mehl vermahlen. Aus den getrockneten und gerösteten Steinkernen hat man Kaffee-Ersatz, ein bierartiges Getränk und Branntwein bereitet.

Volksmedizin und **Schulmedizin:** Zubereitungen aus Blüten, Blättern und Früchten bei nachlassender Leistungsfähigkeit des Herzens, Druck- und Beklemmungsgefühl in der Herzgegend, Altersherz und leichten Herzrhythmusstörungen.
Blätter und Blüten: Die im Mai gesammelten und getrockneten Blätter und Blüten können in eine Haustee-Mischung gegeben werden.

Das Holz diente zur Herstellung von Mühlradkämmen, Dreschflegelkolben, Hammer- und Beilstielen. Aus den Schösslingen entstanden Spazierstöcke.
Nach keltischer Sage versetzte die Fee Viviane unter einem Weißdornstrauch den Zauberer Merlin in Schlaf, nachdem sie ihm seine Geheimnisse entlockt hatte.

Verwandte Art

Der etwas früher blühende **Zweigriffelige Weißdorn** (*Crataegus laevigata* Syn.: *Crataegus oxyacantha*) kommt verbreitet an den gleichen Standorten vor; regional gefährdet. Schwach gelappte Blätter, kahle Blütenstiele, weiße oder rosa Blüten mit 2–3 Griffeln. Die Früchte (mit meist 2 Steinkernen) sind etwas größer als die des Eingriffeligen Weißdorns. Früchte, Blätter und Blüten werden wie die des Eingriffeligen Weißdorns verwendet.

Rezepte mit Weißdornfrüchten

- Weißdorn-Brombeer-Gelee: S. 102
- Weißdornfrüchte-Tee: S. 110
- Trocknen: S. 117

Zubereitungen aus den duftenden Blüten des Eingriffeligen Weißdorns setzt auch die Schulmedizin zur Linderung bestimmter Herzerkrankungen ein.

Gewöhnlicher Schneeball

Viburnum opulus

■ **Familie Geißblattgewächse** *(Caprifolia-ceae)*. Rinde glänzend, hellbraun oder rötlich, in älterem Zustand grau. Blätter gestielt, gegenständig, bis 10 cm lang, ahornähnlich gelappt; 3–5 gezähnte Lappen, unterseits weichhaarig. In endständigen Scheindolden erscheinen die weißen Blüten; sterile Rand-

Nur als Notnahrung gelten bei Vögeln die attraktiv roten Früchte des Gewöhnlichen Schneeballs, die für den Menschen ungenießbar sind.

Auffällig sind die Blütenstände des Gewöhnlichen Schneeballs: Die inneren Blüten sind fruchtbar, die äußeren, sterilen dienen als Lockmittel.

blüten mit radförmig ausgebreitetem 5-lappigem Saum auffallend vergrößert; innere, fruchtbare Blüten weiß bis gelblich, 6–8 mm breit. Die glänzend roten, eiförmig-runden, etwa 10 mm breiten, beerenartigen Steinfrüchte enthalten 1 flachen Stein; sie hängen oft den Winter über an den Zweigen.

■ **Blüte:** Mai bis Juli.
■ **Früchte:** August bis November.
■ **Höhe:** 1–3 m.

Der Strauch vermehrt sich auch durch Schösslinge und lockt mit seinem Schauapparat aus großen sterilen Blüten Insekten zur Bestäubung an. Der Feuchtezeiger wächst bis in Lagen von 1300 m verbreitet in feuchten Gebüschen, Laub- und Auwäldern.

Giftig: Blätter, Rinde, Früchte. Über die Giftigkeit der Früchte besteht Uneinigkeit. Vergiftungserscheinungen kommen wohl nur bei Genuss großer Mengen roher oder unreifer Früchte vor. Hauptwirkstoffe: Bitterstoffe und andere Stoffe, zu denen genauere Inhaltsangaben fehlen.

Volksmedizin: Früher verwendete man mancherorts das Fruchtmus als schweißtreibendes Mittel und gegen Lungenkrankheiten sowie, gemäß der Signaturenlehre galten die herzförmigen Samen mancherorts als Mittel bei Herzleiden.

Früher hat man die Früchte zu Saft, Gelee oder Mus verarbeitet.

Bei manchen Garten-Zierformen besteht der gesamte Blütenstand nur aus großen sterilen, weiße Kugeln (Schneebälle) bildenden Blüten.

Immergrüne Bärentraube
Arctostaphylos uva-ursi

- **Familie Heidekrautgewächse** *(Ericaceae)*. Die niederliegenden Äste bilden weit reichende Verzweigungen. Blätter ledrig, ganzrandig, eiförmig, 1–3 cm lang; am Rand nicht eingerollt und unterseits nicht punktiert. Blüten zu 3–8, weiß oder rosa, krugförmig, nickend. Die scharlachrote, kugelige, beerenartige Steinfrucht ist 6–8 mm breit und enthält 5 Steinkerne.
- **Blüte:** März bis Juli.
- **Früchte:** Juli bis September.
- **Höhe:** 5–15 cm.

Der immergrüne Zwergstrauch wächst in den Alpen bis in 2500 m Höhe sowie im nördlichen Mitteleuropa zerstreut, sonst selten in trockenen Kiefernwäldern, Heiden und Latschengehölz. Regional ausgestorben; in Deutschland Rote Liste 2 (stark gefährdet) und gesetzlich besonders geschützt.
Schwach giftig: Insbesondere Blätter. Hauptwirkstoffe: Hydrochinonglykoside wie Arbutin, freies Hydrochinon.

Früchte
Sie schmecken mehlig, säuerlich-herb und enthalten Mineralstoffe, Gerbstoffe (Tannine) und Flavonoide. Sie sollen für die Verarbeitung zu Fruchtsaft, Kompott und Konfitüre geeignet sein. In Nordeuropa hat man sie auch als Mehlersatz verwendet. Sie dürfen wie die gesamte Pflanze in Deutschland wegen ihrer Gefährdung und ihres Schutzstatus nicht gesammelt werden.

Schulmedizin und **Volksmedizin:** Zubereitungen aus den Blättern wirken unterstützend bei leichteren Entzündungen der ableitenden Harnwege und der Blase.
Achtung! Bärentraubenblätter können Magenbeschwerden auslösen. Nicht überdosieren, nicht über längere Zeit, in Schwangerschaft und Stillzeit sowie bei Kindern unter 12 Jahren gar nicht verwenden.

Die Blätter wurden früher bisweilen dem Tabak beigemischt. Man hat sie auch zum Gerben sowie zum Grau- und Schwarzfärben von Wolle und Leder genutzt.

Auf den ersten Blick mit der Preiselbeere verwechselbar ist die besonders geschützte Bärentraube, deren Früchte nicht gesammelt werden dürfen.

Preiselbeere

Vaccinium vitis-idaea

- **Familie Heidekrautgewächse** *(Ericaceae)*. Stängel aufrecht oder aufsteigend, wenig verzweigt. Blätter ganzrandig, am Rand etwas eingerollt, lederartig, 1–3 cm lang, verkehrteiförmig, oberseits dunkelgrün, unterseits hellgrün und punktiert. In nickenden Trauben erscheinen die bis 1 cm langen Blüten; Kelch 4-zähnig; Blütenkrone 4-spaltig, glockig, weiß bis rötlich. Die Frucht ist eine glänzend rote, kugelige, 5–8 mm breite, vielsamige Beere.
- **Blüte:** Mai bis August.
- **Früchte:** August bis November.
- **Höhe:** 10–30 cm.

Der immergrüne Zwergstrauch bevorzugt saure und nährstoffarme Böden. Man findet ihn bis in Höhen von 2500 m verbreitet in Kiefern- und Fichtenwäldern, in Mooren und Zwergstrauchheiden. Regional gefährdet.

Früchte

Sie schmecken herb-säuerlich und enthalten Vitamine, Mineralstoffe; Flavonoide (v. a. Anthocyane, Quercetin), Carotinoide und Gerbstoffe. Man isst sie roh oder verarbeitet sie zu Mus, Saft, Gelee und Likör. Als Kompott oder Konfitüre passen sie insbesondere zu Wildgerichten, geräuchertem Fisch oder Käse.

Verwechslungsgefahr: Immergrüne Bärentraube (S. 55).

Volksmedizin: Zubereitungen aus den Blättern bei leichtem Blasenkatarrh, Durchfall, Rheuma, Gicht; Früchte-Zubereitungen bei Durchfall.

Achtung! Bei längerem Gebrauch oder Überdosierung des Blättertees Vergiftungsgefahr.

Rezept mit Preiselbeeren

Preiselbeer-Birnen-Kompott: S. 113

Zu den sehr wohlschmeckenden Wildbeeren gehören die Preiselbeeren. Ihre am Rand etwas eingerollten Blätter sind unterseits hellgrün und punktiert.

Die anmutigen, in kleinen Trauben angeordneten weißen oder rötlich überlaufenen Blütenglocken zaubern helle Flecken auf den dunklen Waldboden.

Kleinfrüchtige Moosbeere

Vaccinium oxycoccos, Syn.: *Oxycoccus palustris*

- **Familie Heidekrautgewächse** *(Ericaceae)*. Stängel fadenförmig, weit kriechend, bis 80 cm lang, verholzt. Die 3–8 mm langen, eiförmig-zugespitzten, ledrigen Blätter sind oberseits dunkelgrün glänzend, unterseits bläulich bereift; Rand umgeschlagen. Blüten mit rosaroter, am Rand weißlicher Krone, die tief in 4 zurückgeschlagene Zipfel zerteilt ist, sodass die Staubblätter hervortreten. Die Frucht ist eine rote, kugelige, 5–15 mm breite Beere, die von den 4 kleinen Kelchzähnen gekrönt ist.
- **Blüte:** Mai bis Juli.
- **Früchte:** September bis November.
- **Höhe:** 2–5 cm.

Der im Norden und in den Alpen verbreitet, sonst zerstreut bis selten vorkommende immergrüne Halbstrauch wächst auf Torfmoos in Hochmoorgebieten. In Deutschland Rote Liste 3 (gefährdet).

Früchte

Sie sind reich an Fruchtsäuren, enthalten Vitamine (A, B$_1$, C), Mineralstoffe (Calcium, Eisen, Phosphor), Vacciniin und Gerbstoffe. Roh sind die herb-sauren Beeren kaum genießbar, in gekochtem Zustand schmecken sie ähnlich wie Preiselbeeren. In manchen Gegenden wurden Moosbeeren erst gesammelt und verarbeitet, nachdem sie einmal durchgefroren waren. Man stellte Kompott oder Konfitüre daraus her; ihr Saft diente als Ersatz für Zitronensaft sowie zur Limonade- und Punschbereitung. Wegen der Gefährdung der Pflanze und um die empfindlichen Standorte nicht zu stören, sollte man die Beeren nicht sammeln.

Volksmedizin: Man hat die Früchte früher bei Verdauungsbeschwerden eingesetzt.

Troost (1884) gibt an: »Die Goldschmiede benutzen den Saft, um das Silber damit weiß zu kochen.«

Manche Hochmoore scheinen im Herbst wie überschüttet von den schönen, leuchtend roten Beeren der niedrigen Kleinfrüchtigen Moosbeere. Sie ist in Deutschland gefährdet.

Gewöhnliche Berberitze, Sauerdorn

Berberis vulgaris

- **Familie Berberitzengewächse** *(Berberidaceae)*. Blätter der langen, schlanken Langtriebe sind zu 3-teiligen, 1–3 cm langen Dornen umgebildet. In deren Achseln stehen büschelartig an Kurztrieben eiförmige, 2–6 cm lange, stachelig gesägte Blätter. In gestielten, hängenden, fingerlangen Trauben erscheinen die süß duftenden, halbkugeligen, bis 1 cm breiten Blüten mit jeweils 6 gelben Kelch- und Kronblättern. Die Frucht ist eine rote, walzenförmige, etwa 10 mm lange Beere mit meist 2 Samen.
- **Blüte:** Mai bis Juni.
- **Früchte:** August bis Oktober; oft bis in den Winter an den Zweigen.
- **Höhe:** 1–3 m.

Der Strauch wächst bis in Lagen von 2300 m zerstreut, nördlich des Mains selten auf sonnigem, trockenem Boden in Gebüsch, an Hängen, auf Hügeln, im lichten Wald und am Waldrand. Regional gefährdet. Als Zwischenwirt des Getreiderostes *(Puccinia graminis)* wurde die Berberitze in vielen Getreideanbaugebieten ausgerottet. Da diese Maßnahme wenig erfolgreich war, pflanzt man heute wieder Berberitzen.

Mit süßem und starkem Duft ihrer intensiv gelben Blütentrauben lockt im Frühsommer die seltener gewordene Gewöhnliche Berberitze.

Ein erstes Zeichen des nahenden Herbstes ist es, wenn sich die walzenförmigen Früchte der Gewöhnlichen Berberitze zu röten beginnen.

Schwach giftig: Gesamte Pflanze, Beeren ungiftig. Hauptwirkstoffe: Alkaloide (z. B. Berberin).

Früchte

Sie schmecken sehr sauer, sind reich an Vitamin C, Fruchtsäuren, Anthocyanen und Carotinoiden. Verwendet werden die vollreifen Beeren zum Rohessen, Trocknen, Kandieren oder Einlegen. Aus ihnen stellt man insbesondere Saft her. Dieser dient mit Wasser verdünnt als erfrischendes Getränk oder unverdünnt anstelle von Essig oder Zitronensaft als Würz- und Säuerungsmittel. Aus Berberitzen lässt sich auch Soße, Mus, Gelee oder Essig herstellen.

Achtung! Rohe Früchte können bei empfindlichen Personen Beschwerden auslösen. Unreife Früchte können Spuren von giftigen Alkaloiden enthalten. Die Früchte anderer Sauerdornarten, etwa der häufig in Gärten gepflanzten Thunbergs Berberitze *(B. thunbergii)*, dürfen nicht verzehrt werden.

Wurzelholz und Rinde wurden zum Gelbfärben von Wolle, Seide oder Leder verwendet. Das harte gelbe Holz war für Drechslerarbeiten geschätzt. Die Kinder bastelten aus den Beeren Schmuck und Spielzeug.
Die Berberitze ist eine Orakelpflanze: Kurze und dicke Früchte lassen einen kurzen, aber strengen Winter, lange und dünne Beeren einen langen und milden Winter erwarten.

Rezepte mit Berberitzen

- Berberitzen in Zucker: S. 99
- Trocknen: S. 117

Kornelkirsche, Gelber Hartriegel

Cornus mas

- **Familie Hartriegelgewächse** *(Cornaceae)*. Junge Zweige angedrückt behaart, ältere kahl. Blätter nach den Blüten erscheinend; gegenständig, kurz gestielt, bis 10 cm lang, eiförmig, ganzrandig, an beiden Enden zugespitzt, leicht wellig, unterseits in den Nervenwinkeln weißlich behaart; 3–5 Blattnervenpaare bogig von der Basis zur Spitze laufend. In etwa 2 cm breiten, von 4 gelblichen Hüllblättern umgebenen kugeligen Scheindolden erscheinen zu 10–25 die gelben, 4-zähligen Blüten. Die Steinfrucht ist rot, länglich-eiförmig, 10–20 mm lang und enthält 1 Steinkern.

- **Blüte:** März bis April.
- **Früchte:** August bis Oktober.
- **Höhe:** 2–6 m.

Der aus Südeuropa stammende Strauch oder kleine Baum bevorzugt kalkreiche, steinige Böden. Er wächst im südlichen Mitteleuropa zerstreut bis selten in trockenen, lichten Wäldern, an Waldrändern und auf felsigen Hängen bis in Berglagen von 1600 m Höhe; nördlich der Mittelgebirge fehlt er. Regional gefährdet. Manchmal verwildert die als Ziergehölz oder Obstgehölz kultivierte Kornelkirsche aus Parks oder Gärten.

Früchte

Sie sind saftig, schmecken säuerlich-herb, enthalten Vitamin C und andere Vitamine sowie Gerbstoffe und Anthocyane. In unreifem Zustand lassen sie sich wie Oliven in Olivenöl, Essig oder Salzwasser einlegen. Man sammelt die vollreifen Kornelkirschen und isst sie roh; häufiger legt man sie süßsauer ein, kocht sie zu Saft, Gelee und Marmelade oder verarbeitet sie zu Schnaps und Likör. In der Türkei sind Kornelkirschen besonders beliebt, sie werden getrocknet oder kandiert, außerdem bereitet man aus ihnen ein erfrischendes Sorbet. Die gerösteten und gemahlenen Samen sollen einst dem aus türkischer Tradition stammenden Wiener Kaffee sein unverwechselbares Aroma gegeben haben. Die auch Herlitze oder Dirlitze, im bayerisch-österreichischen Sprachraum »Dirndlstrauch« genannte Kornelkirsche ist ein seit Jahrtausenden geschätzter Wildobststrauch.

Volksmedizin: Früher wurden die Früchte gegen Durchfall und bei Fieber eingesetzt.

Eine Kultspeise ähnlich den »Hollerkücherln« waren einst in Teig getauchte und in siedendem Fett herausgebackene Blütenzweige. Die Blätter dienten bisweilen als Tee-Ersatz.
Hildegard von Bingen empfahl das Bad aus der Rinde gegen Gicht, die Früchte zur Magenstärkung.
Das harte Holz hat man für feine Drechslerarbeiten und für Instrumente verwendet. Die in Thüringen und Hessen aus den Zweigen gefertigten Spazierstöcke waren einst geschätzt. Die Samen dienten zur Ölgewinnung und als Rosenkranzperlen.

Rezepte mit Kornelkirschen

- Kornelkirschen-Gelee: S. 102
- Kornelkirschen-»Oliven«: S. 116

Die in intensivem Rot aus dem grünen Laub leuchtenden großen Steinfrüchte der Kornelkirsche verlocken viele Säuger- und Vogelarten zum Naschen.

Bocksdorn, Teufelszwirn

Lycium barbarum

- **Familie Nachtschattengewächse** *(Solanaceae)*. Äste rutenförmig, überhängend, meist dornig. Die graugrünen, länglich-lanzettlichen, zugespitzten, ganzrandigen Blätter sind 3–5 cm lang und verschmälern sich zum Stiel hin. Blüten gestielt; mit glockenförmigem, 2-lippigem Kelch und hellpurpurroter oder hellvioletter trichterförmiger Blütenkrone. Die Frucht ist eine rote (selten gelbliche), länglich-eiförmige, 5–12 mm lange, mehrsamige Beere.
- **Blüte:** Juni bis August.
- **Früchte:** August bis Oktober.
- **Höhe:** 1–3 m.

Der stark giftige Bocksdorn kam im 18. Jahrhundert als Zierpflanze nach Mitteleuropa.

Der aus dem Mittelmeerraum – nach einigen Autoren aus China – stammende Strauch wächst nur in tieferen Lagen bis etwa 600 m, und zwar verwildert auf Schuttplätzen, an Wegrändern oder Mauern. Regional gefährdet. **Stark giftig:** Alle Pflanzenteile. Hauptwirkstoffe: nicht genau bekannt.

Bittersüßer Nachtschatten

Solanum dulcamara

- **Familie Nachtschattengewächse** *(Solanaceae)*. Der am Grund verholzte Stängel liegt am Boden oder klettert im Gebüsch empor. Blätter eiförmig-länglich, oberste oft spießförmig. Blüten mit 5-zähnigem Kelch, violetter Blütenkrone mit 5 radförmig ausgebreiteten oder etwas zurückgeschlagenen Zipfeln; die 5 Staubblätter neigen sich oben zusammen und bilden einen den Griffel einschließenden Kegel. Die Frucht ist eine scharlachrote, eiförmige, bis 15 mm lange, vielsamige Beere.
- **Blüte:** Juni bis August.
- **Früchte:** August bis Oktober.
- **Höhe:** 30–200 cm.

Der Bittersüße Nachtschatten mit seinen verführerisch roten Beeren ist stark giftig.

Der Halbstrauch wächst auf feuchtem, nährstoffreichem Boden etwa in Auwäldern. **Stark giftig:** Beeren und andere Pflanzenteile. Hauptwirkstoffe: Steroid-Alkaloide. **Schulmedizin:** Fertigpräparate unterstützend bei chronischen Ekzemen. **Achtung!** Keine Selbstbehandlung.

Hundsrose
Rosa canina

- **Familie Rosengewächse** *(Rosaceae)*.
  Zweige aufrecht oder leicht überhängend,
  meist rutenförmig; mit großen, hakig geboge-
  nen Stacheln. Blätter beiderseits kahl, gefiedert; 3–7 eiförmige, 15–40 mm lange, am
  Rand gezähnte Fiedern; Blattstiel mit sichel-
  förmigen Stacheln; am Blattgrund 2 Nebenblätter. In den Blattachseln erscheinen, meist
  einzeln oder zu 3–4, die etwa 5 cm breiten,
  zart duftenden Blüten: 5 Kelchblätter (nach
  der Blüte zurückgeschlagen, vor der Reifezeit
  abfallend); 5 rosa oder weiße Kronblätter;
  zahlreiche Staubblätter und Stempel. Die
  Hagebutte genannte Sammelfrucht ist rot,
  eiförmig, bis 20 mm lang, fleischig, glatt und
  enthält zahlreiche in Härchen eingebettete
  Nüsschen.
- **Blüte:** Mai bis Juni.
- **Früchte:** Oktober bis November.
- **Höhe:** 1–3 m.

Der Strauch wächst, bis in Höhen von 1500 m,
verbreitet am Wald- und Wegrand, in lichtem
Laubwald, in Gebüsch und Hecken, an offenen
Hängen und auf Brachland.

Früchte

Sie sind reich an Fruchtsäuren, Pektin, Vitamin C, enthalten andere Vitamine, Mineralstoffe, Carotinoide, Gerbstoffe, ätherisches Öl
sowie in den Kernen Spuren von Vanillin. Roh
sind sie kaum genießbar. Aus den durch den
ersten Frost erweichten Früchten bereitet man
ein »Hagebutten-Mark« oder »Hägemark« ge-
nanntes Mus, aus dem sich Soßen, Desserts,
Kuchenfüllungen oder Konfitüre herstellen lässt.
Auch Hagebutten-Likör und Hagebutten-Wein
sind geschätzt. Die noch festen, vor dem ersten
Frost gesammelten Früchte lassen sich trocknen. Aus den getrockneten Fruchtschalen entstehen Soßen oder Suppen sowie wohlschmeckender Tee. »Kernlestee«, der Tee aus den
getrockneten Kernen, war auch Ersatz für
Schwarztee.

Die Hagebutten sämtlicher Wildrosenarten können verarbeitet werden. Günstigerweise bevorzugt man solche mit
größeren Sammelfrüchten wie die Hundsrose.

Blüten: Die zart duftenden Blütenblätter werden ohne die weißen Ansätze ähnlich wie die von intensiver duftenden Gartenrosen in der Küche verwendet: frisch oder kandiert zur Dekoration von Salaten oder Desserts, zur Bereitung von Sirup, zur Aromatisierung von Speisen oder Getränken.

Volksmedizin: Tee aus den ganzen getrockneten Hagebutten oder den Fruchtschalen und/oder den Kernen zur Stärkung der Abwehrkräfte sowie als ausscheidungsförderndes »Blutreinigungsmittel«.

In steinzeitlichen Pfahlbauten hat man Hagebuttenkerne gefunden. Die wilde Rose soll der germanischen Göttin Frija geweiht gewesen sein, in christlicher Zeit wurde sie zur Marienpflanze.

Verwandte Arten

Es gibt etwa 40 heimische, teilweise schwer unterscheidbare Wildrosenarten. Kulinarisch und arzneilich werden vor allem Arten mit größeren Hagebutten verwendet. Selten vorkommende oder gefährdete Arten sollten von der Sammlung ausgenommen werden.

Aus Ostasien stammt die im 19. Jahrhundert eingeführte **Kartoffelrose** *(Rosa rugosa)*. Gepflanzt an Böschungen, Straßenrändern und in Hecken; häufig verwildert. Ihre dunkelrosa bis purpurfarbenen, duftenden Blüten sind 6–8 cm breit, die Blätter dick und runzlig (»Runzelrose«). Die kugeligen, 20–30 mm breiten Hagebutten werden wie die Hundsrosen-Früchte genutzt.

Rezepte mit Hagebutten

- Hagebutten-Suppe: S. 86
- Hagebutten-Vanille-Dessert: S. 94
- Hagebutten-Mark: S. 107
- Hagebutten-Konfitüre: S. 108
- Hagebutten-Tee: S. 110
- Hagebutten-Wein: S. 111
- Hagebutten trocknen: S. 118

Die kugeligen Hagebutten der sich oft stark ausbreitenden, aus Ostasien stammenden Kartoffelrose sind wegen ihrer Größe für eine Verarbeitung besonders geeignet.

Mit weißen bis rosafarbenen, zart duftenden Blüten locken zu Beginn des Frühsommers an vielen Wald- und Wegrändern die Hundsrose und andere Wildrosen-Arten Insekten an.

Vogelkirsche, Wildkirsche

Prunus avium ssp. *avium*

- **Familie Rosengewächse** *(Rosaceae)*. Rinde glänzend, mit Gruppen von Korkwarzen; schält sich an älteren Stämmen in Ringen ab. Die eiförmig-elliptischen, 5–15 cm langen, zugespitzten Blätter sind unregelmäßig grob gesägt; am Blattstiel 2 rötliche Drüsen unterhalb der Spreite. In doldenartigen Büscheln erscheinen vor dem Laubaustrieb die bis 3 cm breiten Blüten an 3–5 cm langem Stiel; 5 Kelchblätter, 5 weiße Kronblätter. Die rote bis schwarzrote, kugelige, 8–15 mm breite Steinfrucht enthält einen glatten Stein.

- **Blüte:** April bis Mai.
- **Früchte:** Juni bis August.
- **Höhe:** 15–25 m.

Der Baum oder Strauch wächst bis in Lagen von 1700 m Höhe zerstreut an Waldrändern, in Hecken sowie in Laub- und Mischwäldern. Bei vielen »Wildkirschen« dürfte es sich um verwilderte Formen der Süßkirsche handeln. **Giftig:** Samen. Hauptwirkstoffe: Blausäure-Glykoside.

Früchte

Sie schmecken süß-säuerlich, aromatisch, etwas bitter, sind reich an Fruchtsäuren, enthalten Vitamine (v. a. Vitamin B_1, B_2, B_6, Folsäure, C, E), Mineralstoffe (u. a. Calcium, Kalium, Magnesium), Anthocyane und Gerbstoffe. Wildkirschen lassen sich – nach Steinentfernung – zwar auch roh genießen, eignen sich aber, da sie deutlich kleiner und weniger fleischig als Süßkirschen sind, insbesondere für die Herstellung von Saft, Gelee, Marmelade oder Likör.
Achtung! Steine stets im Ganzen entfernen, nicht zerbeißen, zermahlen oder zerquetschen.

Neben den aus Westasien stammenden, bereits von den Römern in Kultur genommenen Kirschenarten ist die Vogelkirsche eine der Stammformen unserer heute kultivierten Süßkirschbäume.

Wer Vogelkirschen sammeln will, ist starker Konkurrenz ausgesetzt: Viele Vogel- und Säugerarten interessieren sich für die Steinfrüchte. Deshalb zurückhaltend ernten!

Rezept mit Wildkirschen

Rote Grütze: S. 94

Gewöhnlicher Seidelbast
Daphne mezereum

- **Familie Seidelbastgewächse** *(Thymelaeaceae)*. Rinde graubraun, mit dunklen Warzen. Nach der Blüte erscheinen, gehäuft am Zweigende, die länglich-lanzettlichen, bis 8 cm langen Blätter. In ährenartigen Blütenständen öffnen sich in den Achseln vorjähriger Blätter – scheinbar direkt am Stängel – intensiv duftende Blüten; die rosarote 4-blättrige Blütenhülle verengt sich nach unten in eine lange Röhre. Die zunächst grüne, später leuchtend scharlachrote, eiförmig-kugelige beerenartige Steinfrucht ist 1-samig und erbsengroß.
- **Blüte:** Februar bis April.
- **Früchte:** Juni bis August.
- **Höhe:** 30–120 cm.

Der kleine Strauch wächst zerstreut bis in Höhen über 2000 m in Wäldern, an Waldrändern, in Gebüschen; im Norden selten oder fehlend. Häufig wird er in Gärten oder Anlagen gepflanzt. Regional gefährdet, in Deutschland gesetzlich besonders geschützt.
Sehr stark giftig: Alle Pflanzenteile, insbesondere die brennend scharf schmeckenden Früchte und die Rinde. Hauptwirkstoffe: Cumarin und Cumaringlykoside, Diterpenester, Phenolglucoside.

Volksmedizin: Die Rinde hat man früher zum Abführen, äußerlich als hautreizendes Mittel, die Früchte gegen Halskrankheiten eingesetzt. Der Name »Lausblume« weist auf die frühere Nutzung als Insektenvernichtungsmittel hin, »Wolfsbast« auf die Gefährlichkeit der Pflanze und vielleicht ihre Verwendung zur Vergiftung von Raubtieren.

Viele Vogelarten wie Kernbeißer oder Grünfink lassen sich die roten Seidelbast-Früchte schmecken – unbeeindruckt von ihrer sehr starken Giftigkeit für den Menschen.

Die früh im Jahr erscheinenden rosaroten Blüten machen den gesetzlich besonders geschützten Seidelbast zum duftenden Frühlingsboten.

Stechpalme, Hülse

Ilex aquifolium

- **Familie Stechpalmengewächse** *(Aquifoliaceae)*. Rinde grünlichgrau, glatt, erst im hohen Alter rissig. Die kurz gestielten, glänzenden, derb-lederartigen, bis 12 cm langen Blätter sind glattrandig und etwas wellig; untere Blätter stachelspitzig gezähnt, obere meist ohne Stacheln. In Büscheln stehen die 2-häusig verteilten, nach Honig duftenden Blüten; 4 cremeweiße Kronblätter; männliche Blüten mit 4 Staubgefäßen, weibliche Blüten mit 4-fächerigem Fruchtknoten, 4-lappiger Narbe. Die korallenrote, erbsengroße beerenartige Steinfrucht enthält 4–5 Steinkerne.
- **Blüte:** Mai bis Juni.
- **Früchte:** August bis März.
- **Höhe:** 1–10 m.

Mit immergrünen Blättern und über den Winter an den Zweigen hängenden roten Früchten hat die stark giftige Stechpalme seit alten Zeiten magische Bedeutung.

Der immergrüne Strauch oder Baum bevorzugt luftfeuchtes Klima. Man trifft ihn bis in Höhenlagen von 1200 m als Unterwuchs in Laub-, insbesondere Rotbuchenwäldern verbreitet im südlichen, westlichen und nordwestlichen Mitteleuropa. Regional gefährdet, in Deutschland gesetzlich besonders geschützt.
Stark giftig: Blätter und Früchte. Hauptwirkstoffe: Saponine, Theobromin. Die für die Giftwirkung verantwortlichen Stoffe sind noch nicht vollständig bekannt.

Volksmedizin: Früher nutzte man die Blätter gegen Fieber, rheumatische Beschwerden und – gemäß der Signaturenlehre – gegen Seitenstechen (stechende Blätter).

Die Samen wurden in Notzeiten getrocknet, geröstet und gemahlen als Kaffee-Ersatz verwendet. Das harte, zähe Holz eignet sich für Drechslerarbeiten. Die Stechpalme ist – auch in verschiedenen Sorten – Ziergehölz.

Rote Johannisbeere
Ribes rubrum

- **Familie Stachelbeergewächse** *(Grossularia-ceae)*. Zweige überhängend; junge Äste leicht behaart. Blätter bis 10 cm breit, ohne Drüsen, 3–5-lappig, Buchten spitz, Lappen grob gezähnt. In hängenden Trauben erscheinen die glockenförmigen grüngelben Blüten; Tragblätter kürzer als die Blütenstiele; Kelchbecher flach, mit 5-eckigem Ringwulst auf der Innenseite. Die Frucht ist eine rote, kugelige, 5–7 mm breite Beere, die wenige Samen enthält. Gartenformen auch mit weißen oder gelblichen Beeren.
- **Blüte:** April bis Mai.
- **Früchte:** Juni bis Juli.
- **Höhe:** 50–200 cm.

Die Wildform des Strauchs vermehrt sich auch durch Kriechsprosse. Er wächst bis in Höhenlagen von etwa 700 m – als Wildform oder verwildert – selten in feuchten Wäldern, Auwäldern, Gebüsch. Regional gefährdet.

Früchte

Sie schmecken säuerlich und enthalten reichlich Zitronensäure, viel Vitamin C, Mineralstoffe (v.a. Eisen, Kalium, Magnesium), Anthocyane und Gerbstoffe. Man sammelt sie vollreif um Johanni (24. Juni). Sie können roh genossen werden, sind Bestandteil der Roten Grütze, eignen sich für Saft, Gelee, Konfitüre, als Kuchenbelag sowie zur Bereitung von Wein (daher auch der Name »Weinbeerl«) und Likör.

Rezepte mit Johannisbeeren
- Rote Grütze: S. 94
- Johannisbeer-Soße: S. 113

Als Wildform ist die Rote Johannisbeere eher selten anzutreffen. Seit Jahrhunderten wird sie wegen ihrer saftigen, fein säuerlich schmeckenden Beeren in Gärten gezogen.

Rote Heckenkirsche

Lonicera xylosteum

- **Familie Geißblattgewächse** (*Caprifolia-ceae*). Die breit verzweigten, aufrechten, dünnen Äste sind meist hohl. Blätter gegenständig, breit-eiförmig, ganzrandig, bis 7 cm lang, kurz gestielt; oberseits dunkelgrün oder graugrün, unterseits heller; beidseitig meist weich behaart. An achselständigem Stiel stehen zu 2 die zart duftenden Blüten; Blütenkrone gelblichweiß, bis 2 cm lang, entfernt 2-lippig. Die Früchte sind scharlachrote, fast erbsengroße, mehrsamige Beeren, die zu je 2 teilweise miteinander verwachsen sind.

- **Blüte:** Mai bis Juni.
- **Früchte:** Juli bis Oktober.
- **Höhe:** 1–2 m.

Der Strauch wächst bis in Höhenlagen von 1500 m verbreitet an Waldrändern, in Laubmischwäldern, Gebüschen, Hecken; im nördlichen Mitteleuropa zerstreut, fehlt in Nordwest-Deutschland. Regional gefährdet.
Giftig: Insbesondere Beeren. Hauptwirkstoffe: Bitterstoff Xylostein, Glykoalkaloid Xylostosidin.

Der Volksname »Beinholz« zielt auf das sehr harte Holz, aus dem man Ladestöcke (eine Ladehilfe für Gewehre, mit der das Schwarzpulver in den Gewehrlauf gepresst wurde) und Peitschenstiele herstellte.

Verwandte Art

Die Waldheckenkirsche (*Lonicera periclymenum*), 2–5 m hoch, besiedelt im westlichen und nördlichen Mitteleuropa verbreitet, sonst selten oder fehlend Wälder, Gebüsche und Hecken; bevorzugt kalkarmen Boden sowie luftfeuchte Lagen mit milden Wintern, steigt kaum über 800 m auf. Regional gefährdet. Stängel des Schlingstrauchs sind rechtswindend, Blätter gegenständig, schmal elliptisch-eiförmig, ganzrandig, kurz gestielt oder sitzend, bis 6 cm lang. Blüten (Mai–Juli) gelblichweiß, deutlich 2-lippig, besonders nachts stark duftend. Die Früchte sind glänzend dunkelrote, erbsengroße, nicht miteinander verwachsene giftige Beeren.

Die jeweils zu 2 teilweise miteinander verwachsenen giftigen Beeren der Roten Heckenkirsche reifen schon ab Juli.

Gefleckter Aronstab

Arum maculatum

■ **Familie Aronstabgewächse** *(Araceae)*. Blätter lang gestielt, pfeilförmig, glänzend dunkelgrün, manchmal schwärzlich gefleckt, am Grunde eine Blattscheide bildend. Der Stängel des Blütenstands trägt ein grünlichweißes, oft violett überlaufenes, unten geschlossenes und kesselartig erweitertes, oben freies Hochblatt *(Spatha)*. Weibliche Blüten im unteren Teil des Kolbens; darüber, zwischen 2 Haarringen, männliche Blüten. Aus dem geschlossenen Teil der Spatha ragt der keulenförmige violette »Schauapparat«. Dicht gedrängt am Kolben sitzen die Früchte: korallenrote, rundlich-eiförmige, etwa 10 mm lange, wenigsamige Beeren.

■ **Blüte:** April bis Mai.

■ **Früchte:** Juni bis August.

■ **Höhe:** 15–40 cm.

Der mit einem knolligen Wurzelstock überdauernde Aronstab gehört zu den Kesselfallenblumen: Vom Aasgeruch des Kolbens angelockte winzige Fliegen rutschen auf einem Ölfilm in den Kessel, dessen Ausgang durch Reusenhaare ver-

Mit seinem keulenförmigen »Schauapparat« und der großen grünlichweißen Blütenscheide ist der Aronstab eine auffällige Gestalt im Frühlingswald.

Wenn die dicht gedrängt sitzenden, korallenroten Beeren des sehr stark giftigen Aronstabs erscheinen, sind die Laubblätter bereits abgestorben.

sperrt ist. Die Gefangenen bestäuben die Narben und kommen erst frei, wenn nach etwa 2 Tagen die Staubbeutel gereift, die Tiere mit Pollen bepudert und die Reusenhaare verdorrt sind. Der Aronstab wächst bis fast in Höhen von 1000 m im südlichen und mittleren Mitteleuropa verbreitet, sonst zerstreut in Laub-, Laubmisch- und Auwäldern. Regional gefährdet und regional ausgestorben.

Sehr stark giftig: Alle Teile der frischen Pflanze, einschließlich Beeren. Hauptwirkstoffe: Scharfstoffe mit weitgehend unbekannter chemischer Struktur und stark schleimhautreizender Wirkung, die durch lösliche und unlösliche Salze der Oxalsäure verstärkt wird. Getrocknete oder längere Zeit gekochte Pflanzenteile sollen diese Wirkung weitgehend verlieren.

Walderdbeere

Fragaria vesca

- **Familie Rosengewächse** *(Rosaceae)*. Blätter in grundständiger Rosette; 3-zählig gefiedert, unterseits seidenhaarig, oberseits locker anliegend behaart; Teilblättchen eiförmig, grob gezähnt, das mittlere kurz gestielt. Am Ende des meist angedrückt behaarten Blütenstängels erscheinen zu 3–10 die gestielten, 10–15 mm breiten Blüten; Außenkelch; 5 Kelchblätter, zur Fruchtzeit abstehend oder zurückgeschlagen (beim Pflücken der Früchte zurückbleibend); 5 weiße Kronblätter; zahlreiche Staubgefäße und Stempel. Die rote, 10–20 mm breite kugelige »Beere« ist eine Sammelnussfrucht, deren kleine, glänzende Nüsschen etwas eingesenkt dem fleischig gewordenen Blütenboden aufsitzen.
- **Blüte:** Mai bis Juni.
- **Früchte:** Juni bis August.
- **Höhe:** 5–20 cm.

Die mit einem Wurzelstock überdauernde Walderdbeere wächst verbreitet in Wäldern, auf Waldlichtungen, an Böschungen und Wegrändern; im Bergland steigt sie bis über 2000 m hinauf. Den Blattachseln der Grundblätter entsprießen lange, fadenförmige Ausläufer, die an der Spitze wurzeln und neue Pflanzen bilden. Dank dieser lebhaften vegetativen Vermehrung kann die Walderdbeere an ihren Standorten größere Flächen bedecken.

Früchte

Sie haben ein feineres Aroma als Gartenerdbeeren und enthalten viel Vitamin C sowie andere Vitamine, Mineralstoffe (Mangan, Magnesium, Phosphor, Zink u. a.), Flavonoide und Gerbstoffe. Man sammelt sie, wenn sie vollreif sind und sich leicht pflücken lassen. Da das typische Aroma beim Kochen beeinträchtigt wird, genießt man Walderdbeeren vor allem roh: in grünen Blattsalaten, mit Milch und einem Stück Schwarzbrot (wie von Pfarrer Kneipp empfohlen), in Joghurt, Quark, Eis oder Obstsalat oder als Kuchenbelag. Gegart verzehrt man sie etwa in Erdbeercreme, Konfitüre oder manchen Kuchen und Torten.

Achtung! Die bodennah wachsenden Walderdbeeren sind bei Wildtieren wie dem Rotfuchs beliebt. Wer das Risiko einer Infektion mit den Eiern des Kleinen Fuchsbandwurms ausschließen will, erhitzt die Beeren vor dem Genuss.
Bei entsprechend veranlagten Personen kann Erdbeergenuss zu allergischen Reaktionen führen.

Blätter: Die vor der Blüte gesammelten Blätter können Wildgemüse zugemischt werden. Aus den getrockneten Blättern, die nach Belieben mit getrockneten Himbeer- und Brombeerblättern vermischt werden, entsteht schmackhafter Haustee.

Volksmedizin: Früchte zur Kräftigung und »Blutreinigung«; Tee aus den Blättern bei leichten Durchfallerkrankungen.
In Antike und Mittelalter hat man Walderdbeeren als Arznei nicht verwendet. Hildegard von Bingen hielt nicht viel von »Erperis«: »…und sie taugen weder dem gesunden noch dem kranken Menschen zum Essen, weil sie nahe an der Erde wachsen und weil sie sogar in fauliger Luft wachsen.«
In jungsteinzeitlichen Pfahlbauten wurden Reste von Erdbeeren gefunden. Zwerge sind gelegentlich mit Erdbeeren verbunden, so in »Die drei Männlein im Walde« (Grimms Märchen). Walderdbeeren waren Symbol von Liebes- und Muttergottheiten, etwa der germanischen Frija. An Johanni (24. Juni) führt die Gottesmutter Maria die verstorbenen Kinder zum Erdbeerpflücken. Das Kind, dessen Mutter vor diesem Tag schon Erdbeeren gegessen hat, geht leer aus.

Verwandte Arten
Zimterdbeere *(F. moscata)*, im Süden zerstreut, im Norden und Nordwesten selten vorkommend; Stängel und Blätter abstehend behaart; Blattstiel oft über 15 cm lang. Die roten Sammelfrüchte schmecken aromatisch.
Knackelbeere *(F. viridis)*, zerstreut, im Norden selten vorkommend; Blüten gelblichweiß. Sammelfrüchte hart, zunächst gelblich, später teilweise rot, säuerlich schmeckend; Kelch anliegend. Beide Arten sind regional gefährdet.

Rezepte mit Walderdbeeren
- Eisbergsalat mit Walderdbeeren: S. 87
- Walderdbeer-Kuchen mit Baiser: S. 96

An den kleinen Pflanzen der Walderdbeere zeigen sich manchmal gleichzeitig weiße Blüten und rote Sammelfrüchte.

Gewöhnliches Pfaffenhütchen
Euonymus europaeus

- **Familie** Spindelbaumgewächse *(Celastraceae)*. Jüngere Zweige grün und 4-kantig, ältere graubraun und kantenlos. Blätter gegenständig, lanzettlich-eiförmig, bis 8 cm lang, fein gesägt. In lang gestieltem Blütenstand erscheinen zu 2–6 die unscheinbaren 4-zähligen Blüten; Kronblätter gelblichgrün. Die Frucht ist eine karminrote, 4-kantige, bis 20 mm breite Kapsel; wenn sie aufspringt, werden die vollständig von einem orangeroten Samenmantel *(Arillus)* umhüllten 4 (weißen) Samen sichtbar, die aus der Frucht heraushängen.
- **Blüte:** Mai bis Juli.
- **Früchte:** August bis Oktober.
- **Höhe:** 2–5 m.

Flammendrot leuchten ab August die sonst eher unscheinbaren Pfaffenhütchen-Sträucher.

Der Strauch wächst als Lehmzeiger bis in Lagen von etwa 1200 m verbreitet in Laubwäldern, Auwäldern und Hecken.

Stark giftig: Alle Pflanzenteile, insbesondere Früchte und Samen. Hauptwirkstoffe: Herzwirksame Glykoside, Alkaloide (v. a. Evonin).

Volksmedizin: Früher verwendete man Zubereitungen aus Blättern, Rinde und Früchten als Herzmittel. Wegen möglicher schwerer Nebenwirkungen wird der Strauch heute nicht mehr verwendet.

Die gepulverten Samen hat man zur Bekämpfung von Läusen und Krätzmilben eingesetzt. Das harte, zähe Holz des »Spindelbaums« wurde einst zu Spindeln verarbeitet, ebenso zu Pfeifenrohren oder Zahnstochern. Die Holzkohle war als Zeichenkohle geschätzt. Aus den Samen hat man ein dickflüssiges Brennöl gepresst. Wegen der schönen Laubfärbung und der dekorativen Fruchtkapseln ist das Pfaffenhütchen seit langem, auch in unterschiedlichen Kulturformen, Gartenzierstrauch.

Verwandte Art

Das **Breitblättrige Pfaffenhütchen** *(Euonymus latifolius)*, 1,5–5 m hoch, wächst zerstreut bis in Höhen von 1600 m in Wäldern und Gebüsch der Alpen und des Alpenvorlands. Blätter elliptisch, zugespitzt, bis 15 cm lang. Blüten zu 3–15, Mai bis Juni; Kronblätter grünlich, mit rotem Rand. Fruchtkapsel purpurrot, meist 5-kantig, September bis Oktober. **Giftig**.

Eibe

Taxus baccata

- **Familie Eibengewächse** *(Taxaceae)*. Rinde rötlichbraun, in dünnen Schuppen abblätternd. Nadeln 2-zeilig angeordnet, bis 3 cm lang, 1-spitzig, unterseits ohne helle Streifen. Männliche und weibliche Blüten 2-häusig verteilt; männliche Blüten in gelblichen Zapfen, weibliche einzeln. Die scharlachrote »Beere« ist keine Frucht – die Eibe gehört zu den Nacktsamern –, sondern ein den schwarzen Samen umschließender ringförmiger, fleischiger Samenmantel *(Arillus)*.
- **Blüte:** März bis April.
- **Samenmantel und Samen:** September bis Oktober.
- **Höhe:** 2–15 m.

Der immergrüne Baum oder Strauch steht meist einzeln. Er wächst selten in Buchen- oder Tannenwäldern der Ebene und insbesondere der Mittelgebirge und Alpen bis in Höhenlagen von 1200 m. Regional ausgestorben; in Deutschland Rote Liste 3 (gefährdet); gesetzlich besonders geschützt. Die Eibe wird häufig angepflanzt.

Stark giftig: Alle Pflanzenteile mit Ausnahme des Fruchtfleischs des roten Samenmantels. Hauptwirkstoffe: Alkaloide.

Schulmedizin: Zellteilungshemmende Substanzen aus den Nadeln zur Behandlung von Krebserkrankungen (oft starke Nebenwirkungen).

Achtung! Wegen der starken Giftigkeit der Pflanze keine Selbstbehandlung.

Die »Eibenbeere« ist keine Beere, sondern ein becherförmig den stark giftigen Samen umschließender Samenmantel.

Himbeere
Rubus idaeus

- **Familie Rosengewächse** *(Rosaceae)*. Stängel rutenförmig, meist überhängend, mit feinen rötlichen Stacheln. Blätter 3–7-zählig gefiedert, 5–12 cm lang; Fiedern eiförmig, gesägt, mit dunkelgrüner, kahler Oberseite und weiß-filziger Unterseite. In wenigblütigen, doldenartigen, nickenden Blütenständen erscheinen die zart duftenden, etwa 5 mm breiten Blüten; 5 Kelchblätter, nach der Blütezeit zurückgeschlagen; 5 weiße Kronblätter. Die duftende, rundliche, bis 20 mm breite Sammelfrucht besteht aus zahlreichen hell- bis dunkelroten, samtigen Steinfrüchtchen und löst sich ohne Blütenboden ab.
- **Blüte:** Mai bis Juni (bisweilen auch länger).
- **Früchte:** Juli bis September.
- **Höhe:** 50–120 cm.

Der häufig vorkommende Strauch wächst im Bergland bis 1900 m aufsteigend in Wäldern, am Waldrand, in Hecken, auf Lichtungen und an Wegrändern. Er bevorzugt feuchte, nährstoffreiche Standorte und kann durch die Bildung ober- und unterirdischer Ausläufer an ihm zusagenden Plätzen ein dichtes Gestrüpp bilden.

Früchte

Sie schmecken süß und aromatisch, sind reich an Zucker und Fruchtsäuren, enthalten Vitamine (viel Vitamin C), Mineralstoffe (Kalium, Eisen, Magnesium, Mangan), Schleimstoffe, Anthocyane und andere Flavonoide, Gerbstoffe sowie ätherisches Öl. Man sammelt sie vollreif und isst sie roh, etwa in Joghurt oder Quark oder

Himbeeren haben einfach alles, was Beerensammler schätzen: ansprechende Farbe, aromatischen Duft und ein unvergleichliches Aroma.

als Kuchenbelag. Auch gekocht behalten die Früchte weitgehend ihr köstliches Aroma. Geschätzt sind insbesondere Sirup und Gelee, auch Kompott, Eis, Sorbet, Creme, Konfitüre, Likör, Wein und Essig. Zusammen mit Johannisbeeren und eventuell weiteren roten Früchten wie Wildkirschen sind Himbeeren auch Bestandteil der Roten Grütze.

Blätter: Im Frühjahr gesammelte junge Blätter ergeben, auch gemischt mit Erdbeer- und/oder Brombeerblättern, einen schmackhaften Haustee. Als Ersatz für Schwarztee wurde »Deutscher Tee« in den Haushalten durch Fermentation aus jungen Himbeer- und Erdbeerblättern hergestellt.

Volksmedizin: Saft aus den Früchten bei Fieber. Tee aus den Blättern gegen Durchfall, zum Gurgeln bei Entzündungen im Mund- und Rachenraum.

Rezepte mit Himbeeren

- Feldsalat mit Radicchio und Himbeeren: S. 85
- Grießflammeri mit Himbeer-Soße: S. 93
- Rote Grütze: S. 94
- Himbeer-Quark-Kuchen: S. 96
- Traubenkirschen-Himbeer-Konfitüre: S. 109
- Himbeer-Essig: S. 115

Zweiblättrige Schattenblume
Maianthemum bifolium

- **Familie Liliengewächse** *(Liliaceae)*. Am aufrechten, dünnen Stängel stehen nah übereinander 2 Blätter (selten 3, an nicht blühenden Pflanzen 1): kurz gestielt, eiförmig mit herzförmigem Grund, zugespitzt, bis 6 cm lang. Endständiger ährenartiger Blütenstand; Blüten weiß, klein, duftend. Die Frucht ist eine kugelige, anfangs weißgrüne, dann grün-rot gefleckte, bei der Reife rote, ca. 5 mm breite, 1–3-samige Beere.
- **Blüte:** April bis Juni.
- **Früchte:** Juli bis August.
- **Höhe:** 5–20 cm.

Die mit einem Wurzelstock überdauernde »Kleine Maiblume« bevorzugt saure Böden, wächst verbreitet in schattigen, humusreichen Wälder; im Bergland bis über 1800 m Höhe.

Giftig: Alle Pflanzenteile, insbesondere die Beeren. Hauptwirkstoffe: Herzwirksame Glykoside (umstritten), Cumarine, Saponine.

Die giftige Zweiblättrige Schattenblume gedeiht am dunklen Waldboden und zeigt im Frühjahr heitere weiße Blüten, im Sommer rote Beeren.

Maiglöckchen
Convallaria majalis

- **Familie Liliengewächse** *(Liliaceae)*. Blätter grundständig, 2 (manchmal 3), parallelnervig, eiförmig, über 10 cm lang; lange Stiele von einer häutigen Blattscheide umgeben. Am unbeblätterten Blütenstängel stehen in einer einseitswendigen Traube die stark und angenehm duftenden Blüten; weiße Blütenhüllblätter zu einer 6-zipfeligen, 5–8 mm langen Blütenhülle verwachsen. Die Frucht ist eine scharlachrote, kugelige, etwas über erbsengroße Beere mit 6–12 Samen.

- **Blüte:** Mai bis Juni.
- **Früchte:** Juli bis August.
- **Höhe:** 10–25 cm.

Das mit einem verzweigt im Boden kriechenden Wurzelstock ausdauernde Maiglöckchen wächst bis in Höhen von 1900 m verbreitet bis häufig in lichten Laubwäldern und Gebüsch.

Sehr stark giftig: Alle Pflanzenteile. Hauptwirkstoffe: Herzwirksame Glykoside vom Cardenolidtypus, Steroidsaponine.

Schulmedizin: Man verwendet Fertigpräparate aus dem blühenden Kraut gegen verschiedene Herz- und Kreislaufbeschwerden. Volksmedizinisch wird die Pflanze wegen ihrer Giftigkeit nicht mehr eingesetzt.

Achtung! Wegen der sehr starken Giftigkeit der Pflanze keine Selbstbehandlung.

Hildegard von Bingen empfahl »Meygilana« gegen Hautkrankheiten und Epilepsie. Die duftenden Blüten werden seit langem als Grundlage für Parfüm und kosmetische Artikel verwendet. Früher waren sie Bestandteil von Schnupftabak, etwa des berühmten »Schneebergers«. Seit dem späten Mittelalter ist das Maiglöckchen auch Gartenpflanze.

Das Frühlingssymbol ist Sinnbild der Gottesmutter Maria, Christi und der Erlösung. Allgemein galten Maiglöckchen als Glücksbringer. Allerdings sind vor Georgi (24. April) blühende (zumal innen rot gestreifte) Maiglöckchen ein schlechtes Vorzeichen.

Beerenfressende Waldvögel lassen sich durch die roten Früchte des für den Menschen sehr stark giftigen Maiglöckchens zum Schnabulieren verlocken und verbreiten so die Samen.

Sanddorn

Hippophaë rhamnoides

- **Familie Ölweidengewächse** *(Elaeagnaceae)*. Rinde zunächst glatt, im Alter rissig und abblätternd; Zweige stark verästelt, mit zahlreichen kräftigen Dornen. Blätter lanzettlich, 5–6 cm lang, 3–7 mm breit, ganzrandig; oberseits kahl und graugrün, unterseits silberglänzend behaart, am Rand eingerollt. Unscheinbare, 2-häusig verteilte Blüten erscheinen vor dem Laub. Die orangerote, eiförmige, 6–8 mm lange beerenartige Steinfrucht enthält meist 1 Steinkern.
- **Blüte:** März bis Mai.
- **Früchte:** September bis Oktober.
- **Höhe:** 3–6 m.

Der Strauch oder kleine Baum kommt verbreitet vor: als Unterart *Hippophaë rhamnoides* subsp. *rhamnoides* an der Küste auf Dünen, als Unterart *Hippophaë rhamnoides* subsp. *fluviatilis* in den Alpen und im Alpenvorland auf Flussschotter und Felsschutthalden. Regional gefährdet.

Früchte

Sie schmecken sauer-herb, haben einen hohen Vitamingehalt (Vitamin C und andere Vitamine, darunter B_{12}), enthalten zudem fettes Öl, Carotinoide und Flavonoide. Da sie beim Sammeln leicht zerquetscht werden, schneidet man sie behutsam mit der Schere ab. Wo die Pflanze gefährdet ist, sollten Sie nicht sammeln. Rohe Früchte schmecken gesüßt in Sahne, Quark, Joghurt, auch zusammen mit anderen Früchten im Obstsalat. Häufiger verarbeitet man sie zu Saft, Gelee, Mus, Konfitüre.

Schulmedizin und **Volksmedizin:** Früchte vorbeugend gegen Erkältungskrankheiten, lindernd bei fieberhaften Infekten oder Erschöpfungszuständen, zur Förderung der Rekonvaleszenz.

Verwechslungsgefahr: Europäischer Feuerdorn *(Pyracantha coccinea)*: dorniger Zierstrauch, **wenig giftig**; Blätter immergrün, elliptisch, gekerbt; Früchte rot, orange oder gelb.

Rezept mit Sanddornfrüchten

Sanddorn-Quarkcreme: S. 92

Die leuchtend orangeroten Steinfrüchte des Sanddorns bleiben manchmal bis in den Winter am Strauch.

Wildbirne, Holzbirne

Pyrus pyraster

- **Familie Rosengewächse** *(Rosaceae)*.
  Zweige meist dornig. Die eiförmigen bis runden, 3–7 cm langen, fein gezähnten, lang gestielten Blätter haben eine dunkelgrün glänzende Oberfläche. Blüten gestielt, 2–4 cm breit; 5 beiderseits weiße Kronblätter; Staubblätter mit auffällig roten Staubbeuteln. Die birnenförmige oder rundliche, bis 5 cm breite Apfelfrucht ist zunächst grün, bei der Reife gelb, manchmal rötlich überlaufen und enthält im Kerngehäuse braune Samen.
- **Blüte:** April bis Mai.
- **Früchte:** September bis Oktober.
- **Höhe:** 5–20 m.

Der wärmebedürftige Baum oder Strauch wächst in Lagen bis etwa 950 m Höhe im Süden zerstreut, im Norden selten, in Wäldern, Gebüsch, Auwäldern und am Waldrand. Regional gefährdet. Heute handelt es sich bei den meisten Wilden Birnbäumen um verwilderte Kulturformen.

Wildäpfel und Wildbirnen waren bereits in der Jungsteinzeit Sammelobst.

Achtung! Birnenkerne sollen frei sein von giftigen Blausäure-Glykosiden; vorsichtshalber dennoch im Ganzen entfernen.

Wildbirnen sind roh kaum genießbar, sie lassen sich jedoch zu Saft, Gelee oder Konfitüre verarbeiten.

Früchte

Sie schmecken sauer und sehr herb, enthalten Vitamin C und andere Vitamine, Mineralstoffe wie Kalium; Gerbstoffe, Schleimstoffe und Flavonoide. Roh sind Wildbirnen im Allgemeinen nicht genießbar. Man bereitet aus ihnen Saft, Gelee und Konfitüre. Früher schätzte man sie als Back- und Dörrobst. In Mischung mit Kulturbirnen wurde aus ihnen auch Essig oder Branntwein hergestellt.

Wildapfel, Holzapfel

Malus sylvestris

- **Familie Rosengewächse** *(Rosaceae)*.
  Zweige meist dornig. Blätter eiförmig-rund,
  3–8 cm lang, mit kurzer Spitze, gesägt oder
  gekerbt, unterseits auf den Nerven etwas behaart; Stiel bis 3 cm lang. Blüten gestielt, bis
  4 cm breit; 5 Kelchblätter; 5 oberseits weiße,
  unterseits rötlich überlaufene Kronblätter;
  viele Staubblätter, 5-fächeriger Fruchtknoten.
  Die rundliche bis eiförmige, 20–30 mm
  breite Apfelfrucht ist gelb oder grün, manchmal angerötet und enthält im Kerngehäuse
  braune Samen.
- **Blüte:** April bis Mai.
- **Früchte:** September bis Oktober.
- **Höhe:** 3–10 m.

Der Baum oder Strauch wächst bis in Lagen
von 1200 m zerstreut am Waldrand, in Laubwäldern, Gebüsch und Auwäldern. Regional
gefährdet. Da es zahlreiche verwilderte Kultur-
sorten gibt, ist die Bestimmung des Wildapfels
schwierig.
Giftig: Samen. Hauptwirkstoffe: Blausäure-
Glykoside.

Früchte

Sie schmecken herb-bitter, säuerlich und sind
oft holzig. Besonders reich sind sie an Vitamin C; neben weiteren Vitaminen enthalten sie
Mineralstoffe (v. a. Eisen, Kalium, Magnesium),
Gerbstoffe und Flavonoide. Roh sind sie im
Allgemeinen ungenießbar. Da sie zu klein zum
Schälen und Entkernen sind, bereitet man aus
ihnen vor allem Saft und Gelee. Wegen ihres
hohen Pektingehalts fügt man sie anderen
Früchten bei der Gelee- oder Konfitürebereitung
zu. Wildäpfel sind eine gute Geflügelfüllung.
Achtung! Samen im Ganzen entfernen, nicht
zerkauen, zermahlen oder zerquetschen.

Wildäpfel gehören zu den ältesten Obstarten
Mitteleuropas. Ihre Nutzung ist bereits für die
frühe Jungsteinzeit nachgewiesen. Das harte
Holz war bei Tischlern geschätzt.

Wegen ihres hohen Pektingehalts können die kleinen,
harten, roh nicht genießbaren Wildäpfel insbesondere als
Gelierhilfe für andere Früchte dienen.

Mispel
Mespilus germanica

■ **Familie Rosengewächse** *(Rosaceae)*. Ausladender Wuchs; Rinde grau bis rotbraun, schuppig abblätternd; junge Zweige filzig behaart; verwilderte Exemplare auch mit Dornen. Die länglich-lanzettlichen, kurz gestielten, ganzrandigen oder fein gezähnten Blätter sind oberseits dunkelgrün, unterseits graugrün und leicht filzig behaart. Einzeln stehen die bis 5 cm breiten Blüten; filzig behaarter Kelch, grünlichweiße Kronblätter, rote Staubbeutel. Die zunächst grüne, später bräunliche, kugelige, behaarte Apfelfrucht ist etwa 30 mm dick, von den Kelchblättern gekrönt, oben flach vertieft; sie enthält 5 Steinkerne.
■ **Blüte:** Mai bis Juni.
■ **Früchte:** Oktober bis Dezember.
■ **Höhe:** 1–6 m.

Die in Vorderasien und Südosteuropa beheimatete Mispel wächst meist als Strauch, selten als Baum. In Mitteleuropa findet man sie im Süden und in der Mitte bis in Höhenlagen von 1100 m zerstreut in Wäldern und Gebüsch. Regional gefährdet und regional ausgestorben.

Früchte
Sie sind zunächst hart und kaum genießbar, werden erst nach längerem Verbleib am Baum oder längerer Lagerung weich und teigig. In diesem Zustand schmecken sie angenehm süßsäuerlich, können auch roh – ohne Schale und Steinkerne – genossen werden. Sie enthalten Vitamine (viel Vitamin C), Mineralstoffe (u. a. Magnesium, Kalium, Calcium, Phosphor), Gerbstoffe sowie Flavonoide. Aus Mispeln lässt sich Mus, Konfitüre, Gelee, Likör herstellen. Die grünen Früchte wurden dem Apfel- und Birnenmost zugesetzt, um Geschmack und Haltbarkeit zu verbessern.

Rezepte mit Mispeln
■ Mispel-Plätzchen: S. 98
■ Mispel-Gelee: S. 104
■ Mispel-Mus: S. 107

Kaum zu verwechseln sind die kugeligen, bis 3 cm dicken Früchte der Mispel. Das fast vergessene Gehölz sieht man wieder in manchen Gärten.

Stachelbeere

Ribes uva-crispa, Syn.: *Ribes grossularia*

■ **Familie Stachelbeergewächse** (*Grossularia-ceae*). Zweige stachelig, dünn, hart, im Jugendstadium behaart. Blätter im Umriss herzförmig, 3–5-lappig, 2–3 cm breit, am Rand grob gekerbt, meist behaart. Zu 1–3 in blattachselständigen Büscheln erscheinen die unscheinbaren glockigen, bis 1,5 cm breiten Blüten; 5 Kelchblätter, rötlich angelaufen, meist dicht behaart, 2–3-mal so lang sind wie die grünlichgelben Kronblätter; bei voll aufgeblühten Blüten Kelchblätter zurückge-schlagen. Die Frucht ist eine gelbgrüne oder rötliche, rundlich-ovale, etwa 10 mm lange, meist mit drüsigen Borsten besetzte, viel-samige Beere.
■ **Blüte:** April bis Mai.
■ **Früchte:** Juni bis August.
■ **Höhe:** 60–120 cm.

Der Strauch, der sich oft schon Anfang März begrünt, bevorzugt kalk- und stickstoffreichen Boden. Er besiedelt als Wildform oder als ver-wilderte Kulturform verbreitet und bis in Höhen von 1500 m aufsteigend Auwälder, Gebüsch, Laubmischwälder und Hecken. Regional ge-fährdet.

Früchte

Sie sind saftig, schmecken süß-säuerlich, haben einen hohen Zucker- und Pektinge-halt, enthalten Vitamine (v. a. Vitamin C), viel Kalium, viel Silicium, Carotinoide und Gerb-stoffe. Man isst sie roh oder verarbeitet sie zu Kompott, Saft, Gelee, Soße. Geschätzt sind auch Stachelbeer-Kuchen und Stachelbeer-Wein.

Achtung! Unreife oder in größeren Mengen roh verzehrte Früchte können Magen-Darm-Beschwerden hervorrufen.

Rezept mit Stachelbeeren

Stachelbeer-Chutney: S. 114

Die etwas borstigen Stachelbeeren können roh genossen oder zu Kompott, Saft, Konfitüre, Gelee oder Wein ver-arbeitet werden.

Kornelkirschen Öl...

Schle...

...itten-Gelee

Mispel-Mus

Kornelkirschen-Gelee

BerBer... zu Zuc...

L.27.05.1...

Rezepte

Essbare Wildbeeren lassen sich nicht nur zu köstlichen Konfitüren und Gelees verarbeiten, es gibt auch eine kaum überschaubare Fülle anderer Möglichkeiten, sich mit dem Thema kulinarisch zu befassen. Auf den folgenden Seiten finden Sie – nach allgemeinen Hinweisen zu Wildbeeren in der Küche – traditionelle und neue Wildbeeren-Rezepte. Diese wurden komponiert und ausgewählt nach folgenden Kriterien: leichte Beschaffbarkeit der Beeren und der anderen Zutaten, appetitanregender Anblick, feiner Geschmack der Speisen sowie einfache und rasche Zubereitung. Bei vielen Rezepten werden zusätzlich mögliche Varianten vorgeschlagen. Lassen Sie sich also zu beerigen Gaumenfreuden inspirieren!

Allgemeine Hinweise

- Verwenden Sie nur einwandfreie Früchte, die vollreif, aber nicht überreif sind. Bei Konfitüren oder Gelees fördert die Zugabe einiger unreifer Früchte das Gelieren.

- Vertrocknete oder beschädigte Früchte auslesen. Dann die Früchte gründlich, aber behutsam waschen und mit Küchenpapier oder -tuch vorsichtig trocken tupfen. Stiel- und Kelchansätze entfernen. Das Zerkleinern erfolgt erst unmittelbar vor der Weiterverarbeitung.

- Damit Aroma und Geschmack erhalten bleiben, die gesammelten Beeren möglichst sofort verarbeiten und allenfalls vorübergehend kühl und dunkel lagern.

- Achten Sie bei der Verarbeitung auf äußerste Sauberkeit und Sorgfalt. Dies gilt in besonderem Maße, wenn es um die Haltbarmachung etwa als Saft, Gelee oder Konfitüre geht. Alle verwendeten Geräte und Gefäße müssen gründlich mit heißem Wasser gereinigt oder ausgekocht werden. Möglichst nur für diesen Zweck bestimmte Töpfe verwenden, am besten aus Edelstahl, keinesfalls Aluminiumtöpfe.

- Eine Reihe von Beeren sind sowohl als Rohkost als auch gegart verwendbar. Einige Beeren werden ausschließlich gegart genossen, weil sie, wie etwa Hagebutten und Schlehen, roh nicht gut schmecken oder weil sie in diesem Zustand giftig sind, wie etwa die Früchte des Roten und Schwarzen Holunders. Bei bodennah wachsenden Beeren kann Garen einer Infektion mit Eiern des Fuchsbandwurms vorbeugen.

- Beachten Sie die Warnhinweise bei Porträts und Rezepten. Dies gilt in besonderem Maße für Früchte, die nur mit gewissen Einschränkungen ess- und verwendbar sind.

- Bei der Verarbeitung mancher Früchte sollen die giftige Inhaltsstoffe enthaltenden Steine oder Kerne im Ganzen entfernt, nicht zerkaut, zermahlen oder zerquetscht werden. Bitte beachten Sie dazu die Warnhinweise in den Porträts.

- Bitte beachten Sie: Auch als ungiftig geltende Beeren können bei entsprechender Veranlagung Unverträglichkeiten und allergische Reaktionen auslösen.

- Aroma- und Geschmacksqualitäten von Wildbeeren werden unterschiedlich wahrgenommen und sind auch abhängig von Standort, Reifegrad und der Art der Verarbeitung. Manche Wildbeeren wie etwa die Früchte der Eberesche schmecken intensiver, saurer oder herber als Kulturobst. Daher sollte sich bei diesen Beerenarten gerade der »Anfänger« mit kleinen Mengen begnügen und diese Kulturobst wie Äpfeln oder Birnen beimischen.

Abkürzungen

EL = Esslöffel

TL = Teelöffel

Salate und Suppen

Feldsalat mit Radicchio und Himbeeren

Zutaten für 2–3 Portionen:

100 g Feldsalat

1 großer oder 2 kleine Köpfe Radicchio

¼ Zwiebel

100 g Himbeeren

1 TL Himbeeressig

2–3 EL Olivenöl

Salz

frisch gemahlener schwarzer Pfeffer

Zubereitung

■ Feldsalat putzen, waschen, abtropfen lassen. Radicchio putzen, Blätter ablösen, waschen, abtropfen lassen, in mundgerechte Stücke zerteilen.

■ Himbeeren waschen, leicht trocken tupfen, Stielansätze entfernen. Zwiebel schälen, fein hacken.

■ Essig, Öl, Salz, Pfeffer und Zwiebel verrühren. Radicchio und Feldsalat mit der Salatsoße vermischen. Himbeeren zugeben und vorsichtig untermischen. Salat mit einigen Himbeeren garnieren.

Himbeeren schmecken nicht nur in Kuchen, Desserts oder Süßspeisen, sondern etwa auch in Blattsalaten.

Hagebutten-Suppe

Zutaten für 2 Portionen:

40 g getrocknete Hagebuttenschalen
(S. 118)
¼ l Wasser
2 TL Speisestärke
Honig oder Zucker nach Belieben
Brotwürfel

Zubereitung

■ Hagebuttenschalen waschen, über Nacht in Wasser einweichen, am nächsten Tag im Einweichwasser weich kochen. Masse durch ein Sieb streichen.

■ Hagebuttenmasse aufkochen, mit etwas Wasser angerührte Speisestärke einrühren. Suppe aufkochen lassen.

■ Suppe von der Kochplatte ziehen, mit Honig oder Zucker abschmecken. In Teller füllen und mit Brotwürfeln – nach Belieben geröstet – bestreut servieren.

Die fruchtig-aromatische Suppe aus getrockneten Hagebuttenschalen ist gerade im Winter wohltuend und wärmend.

Holunderbeer-Suppe mit Dinkelgrieß-Nockerl

Zutaten für 2 Portionen:
- **Für die Suppe**
  Einige Fruchtdolden des Schwarzen Holunders
  10 Zwetschgen
  100 ml Wasser
  100 ml Rotwein
  50 g Zucker
  1 Stückchen Zimtstange
- **Für die Nockerl**
  1/8 l Milch
  10 g Butter
  50 g Dinkel-Grieß (oder Weizen-Grieß)
  1 Ei
  1 Päckchen Vanillezucker
  1/2 TL Salz
  1 EL Zucker

Zubereitung

Suppe

- Holunderdolden waschen, Früchte abzupfen und 200 g abwiegen. Zwetschgen waschen, entsteinen, grob zerkleinern.
- Wasser mit Rotwein vermischen und zusammen mit Holunderfrüchten, Zwetschgen, Zucker und dem Zimtstangenstück aufkochen; etwa 10 Minuten bei geringer Hitze köcheln lassen. Suppe anschließend durch ein Sieb streichen.

Nockerl

- Milch mit Butter aufkochen. Grieß langsam einrieseln lassen und verrühren. Ei, Vanillezucker, Salz und den Zucker unter Rühren zugeben.

- Mit zwei nassen Teelöffeln Nockerl abstechen. Nockerl in kochendes Salzwasser geben und bei geringer Hitze in etwa 10 Minuten gar ziehen lassen. Nockerl auf der Suppe anrichten.

Eisbergsalat mit Walderdbeeren

Zutaten für 2–3 Portionen:
- **1 Eisbergsalat**
- **1/2 Gurke**
- **100 g Walderdbeeren**
- **3 Blättchen Zitronenmelisse**
- **150 g Joghurt**
- **Salz**
- **1 Prise Zucker**
- **1 TL Öl**

Zubereitung

- Eisbergsalat putzen, waschen, abtropfen lassen, in mundgerechte Stücke zerteilen.
- Gurke waschen, schälen, der Länge nach vierteln, in Scheiben schneiden. Salat und Gurke in einer flachen Schüssel anrichten.
- Erdbeeren waschen, trocken tupfen, auf dem Salat verteilen. Melissenblättchen waschen, trocken tupfen, in feine Streifen schneiden.
- Joghurt mit Salz, Zucker, Öl und der Hälfte der Melissenstreifen verrühren. Soße über den Salat schütten, Salat mit restlichen Melissenstreifen garnieren.

Hauptspeisen

Heidelbeer-Strudel

Zutaten für 1 Strudel:

- **Für den Teig**
  150 g Dinkelvollkornmehl
  100 g Dinkelmehl (Type 1050)
  1 Ei
  1 EL Öl
  7 EL Wasser
  ½ TL Salz
- **Für die Füllung**
  400–600 g Heidelbeeren
  250 g Magerquark
  1 Ei
  1 EL Grieß
  2 EL Zucker
  2 Messerspitzen Vanillepulver
- **Sonstiges**
  Mehl zum Auswellen des Teigs
  2 EL Butter
  Butter zum Ausstreichen der Bratreine

Zubereitung

■ Mehl vermischen. Ei, Öl, Wasser und Salz zugeben und alles zu einem geschmeidigen Teig verkneten. Teig in einer zugedeckten Schüssel im Kühlschrank etwa 1 Stunde ruhen lassen.

■ Heidelbeeren verlesen, waschen, trocken tupfen. Quark, Ei, Grieß, 1 EL Zucker, Vanillepulver verrühren.

■ Teig auf einem bemehlten Küchentuch auswellen. Ofenfeste Form mit Butter dünn ausstreichen.

■ Butter bei geringer Hitze schmelzen lassen. Etwa die Hälfte der flüssigen Butter auf dem

Teig verstreichen. Quarkmasse darüber geben und ebenfalls verstreichen. Heidelbeeren auf der Quarkmasse verteilen. 1 EL Zucker über die Heidelbeeren streuen.

■ Strudel aufrollen und so in die Reine legen, dass er auf der »Naht« liegt. Strudel mit der restlichen flüssigen Butter bestreichen.

■ Reine in den auf 170 °C vorgeheizten Backofen auf unterste Schiene stellen. Strudel in etwa 45 Minuten goldbraun backen.

Mein Tipp: Wenn Sie den Teig ohne Vollkornmehl, sondern nur mit Dinkel- oder Weizenmehl der Typen 1050 oder 406 zubereiten, ist eine geringere Wasserzugabe erforderlich.
Mit einer zuvor gereichten Suppe ist der Strudel Hauptspeise. Sie können ihn aber auch als Dessert oder kalt zum Nachmittagskaffee servieren.

Wildbeeren-Reis

Zutaten für 4 Portionen:

200 g Milchreis
500 ml Wasser
500 ml Milch
1 Päckchen Vanillezucker
Zucker nach Belieben
400 g Äpfel
400 g Wildbeeren (z. B. Himbeeren, Brombeeren, Heidelbeeren)
Fett für die Auflaufform
1 Ei
1–2 EL süße Sahne
nach Belieben: Butterflocken

Zubereitung

■ Reis waschen. Wasser und Milch mit Vanillezucker vermischen. Reis in der Flüssigkeit gar kochen. Mit Zucker nach Belieben abschmecken.

■ Äpfel waschen, schälen, in Spalten schneiden. Beeren verlesen, putzen, waschen, trocken tupfen. Äpfel und Beeren mit wenig Wasser kurz dünsten; nicht zerfallen lassen.

■ Reis und Früchte schichtweise in eine gefettete Auflaufform füllen, mit Reisschicht abschließen.

■ Ei trennen. Eiweiß zu Schnee schlagen. Eigelb mit Sahne verrühren, Eischnee unterheben. Mischung über dem Auflauf verteilen, diesen nach Belieben mit Butterflocken belegen und im vorgeheizten Backrohr auf unterster Schiene bei 180 °C in etwa 40 Minuten goldbraun backen.

Kartoffel-Apfel-Gratin mit Brombeeren

Zutaten für 2–3 Portionen:

250 ml Milch

1–2 EL Öl

Salz

Pfeffer

750 g Kartoffeln

500 g Äpfel

250 g Brombeeren

Öl für die Form

Zubereitung

■ Milch mit Öl, Salz und Pfeffer verrühren.

■ Kartoffeln schälen, waschen, in dünne Scheiben schneiden. Äpfel waschen, vierteln, schälen, Kernhaus entfernen; in dünne Schei-

Das Kartoffel-Apfel-Gratin wird deftiger, wenn man es – wie hier im Bild – mit dünnen, klein geschnittenen Scheiben rohen Schinkens anreichert.

ben schneiden. Kartoffel- und Apfelscheiben in einer mit wenig Öl ausgestrichenen Auflaufform verteilen.

- Brombeeren verlesen, waschen, trocken tupfen und auf der Kartoffel-Apfel-Schicht verteilen. Milch-Öl-Mischung darüberschütten.
- Gratin im vorgeheizten Backofen auf unterster Schiene bei 180 °C etwa 1 Stunde gratinieren. Der Auflauf sollte nicht bräunen, daher eventuell in der letzten Viertelstunde mit Backpapier abdecken.

Mein Tipp: Vor dem Servieren mit frischem, fein gewiegtem Majoran bestreuen. Zum Gratin passt kurz gebratenes Fleisch oder dünn geschnittener roher Schinken.

Holunderbeer-Creme mit Hirsebrei

Zutaten für 2–3 Portionen:
- **Für die Holunderbeer-Creme**
  6 Fruchtdolden des Schwarzen Holunders
  2 Äpfel
  30 Zwetschgen
  1 Stück Zimtstange
  1 TL Vanille-Puddingpulver
  Zucker oder Honig nach Belieben
- **Für den Hirsebrei**
  1 Tasse Hirse
  2 Tassen Wasser
  1 Prise Salz

Holunderfrüchte und Zwetschgen geben der sehr feinfruchtig schmeckenden Holunderbeer-Creme die ansprechende Farbe.

Zubereitung

■ Holunderdolden waschen, Früchte mit einer Gabel abstreifen, verlesen. In einem Topf mit Wasser bedeckt zum Kochen bringen, etwa 15 Minuten zugedeckt kochen lassen, durch ein Sieb streichen.

■ Äpfel waschen, vierteln, schälen, Kernhaus entfernen, in kleine Stücke schneiden. Zwetschgen waschen, entsteinen, in kleine Stücke schneiden.

■ Holundermus, Äpfel, Zwetschgen, Zimtstange in einen Topf geben, etwa 10 Minuten zugedeckt kochen lassen. Zimtstange entfernen.

■ Puddingpulver mit wenig Wasser verrühren und unter Rühren der Fruchtmasse zugeben, diese aufkochen lassen. Holunder-Creme eventuell mit Zucker oder Honig abschmecken. In Teller oder Portionsschalen verteilen.

■ Hirse waschen. Wasser und Salz zum Kochen bringen. Hirse langsam unter Rühren zugeben. 10 Minuten auf kleiner Flamme ausquellen lassen.

Mein Tipp: Die Holunderbeer-Creme schmeckt warm oder kalt. Statt Hirsebrei passen dazu auch Milchreis oder Grießklöße. Als Dessert, eventuell mit etwas Schlagrahm verziert oder zusammen mit Quark oder Joghurt gereicht, eignet sich die Creme ebenfalls.

Schmorfleisch mit Vogelbeer-Soße

Zutaten für 2 Portionen:
500 g Zwiebeln
300 g Ebereschenfrüchte (Vogelbeeren)
400–500 g Rindfleisch (Keule)
1 EL Mehl
3 EL Olivenöl oder Rapsöl
1 EL Senf
250 ml Rotwein (oder Gemüsebrühe)
2 Äpfel
Pfeffer
Salz

Zubereitung

■ Zwiebeln schälen, in kleine Würfel schneiden. Ebereschenfrüchte verlesen, waschen, trocken tupfen.

■ Fleisch vierteln, in Mehl wenden, in heißem Öl anbraten. Zwiebelwürfel, Ebereschenfrüchte, Senf, Rotwein (oder Gemüsebrühe) zugeben. Im geschlossenen Topf bei mäßiger Hitze schmoren lassen.

■ Äpfel waschen, vierteln, schälen, Kerngehäuse entfernen. Apfelstücke nach etwa 30 Minuten Schmorzeit zugeben.

■ Nach insgesamt etwa 75 Minuten Fleischstücke aus dem Topf nehmen und warm stellen. Zwiebel-Frucht-Masse durch ein Sieb streichen.

■ Fleischstücke wieder in den Topf legen, Soße darüberschütten und noch einige Minuten köcheln lassen. Mit Salz und Pfeffer abschmecken.

Dazu passen Reis, Pellkartoffeln und insbesondere Kartoffelknödel aus gekochten Kartoffeln.

Mein Tipp: Für einen milderen Geschmack kann man die Vogelbeeren »entbittern«: Man legt die Früchte dazu für 24 Stunden in Essigwasser (3 Esslöffel Essig auf 1 l Wasser). Anschließend wäscht man sie in Wasser.

Desserts

Mandel-Safran-Flammeri mit Brombeeren

Zutaten für 4 Portionen:

300 ml Milch

100 ml Wasser

80 g Hafer, fein gemahlen

2 EL Zucker

1 Messerspitze gemahlener Safran

40 g gemahlene Mandeln

250 g Brombeeren

Zucker nach Belieben

Zubereitung

■ Milch und Wasser in einem Kochtopf erwärmen. Hafer mit Zucker und Safran vermischen und einrühren.

Safran macht den Flammeri nicht nur schön gelb, sondern gibt ihm den feinwürzigen Geschmack, der gut mit den Brombeeren harmoniert.

■ Flüssigkeit unter Rühren zum Kochen bringen, einige Minuten kochen lassen. Mandeln unterziehen.

■ Creme in eine mit kaltem Wasser ausgespülte Puddingform füllen und einige Stunden kalt stellen.

■ Brombeeren verlesen, waschen, trocken tupfen. Beeren mit Zucker vermischen und einige Minuten dünsten.

■ Flammeri auf eine Platte stürzen und mit den Brombeeren anrichten.

Mein Tipp: Statt Hafer lassen sich auch Dinkel oder Weizen sehr gut verwenden. Falls Sie keinen gemahlenen Safran zur Verfügung haben, können Sie auch zerkleinerte oder zermörserte Safranfäden zugeben. Anstelle des Safrans passt auch Vanille.

Sanddorn-Quarkcreme

Zutaten für 4 Portionen:

250 g Magerquark

1 Becher Joghurt

5 Esslöffel Sanddorn-Mus

Honig nach Belieben

20 g gemahlene Mandeln

Zubereitung

■ Quark mit Joghurt und Sanddorn-Mus verrühren.

■ Mit Honig süßen.

■ Gemahlene Mandeln unter die Creme rühren.

Mein Tipp: Für die Mus-Zubereitung kochen Sie die verlesenen und gewaschenen Sanddorn-Beeren mit wenig Wasser, bis sie aufplatzen. Streichen Sie anschließend die Masse durch ein Sieb und süßen Sie nach Belieben mit Honig oder Zucker.

Grießflammeri mit Himbeer-Soße

Zutaten für 4 Portionen:

½ l Milch

40 g Zucker

2 Messerspitzen Vanillepulver

60 g Grieß

1 Ei

150 g Himbeeren

Zubereitung

■ Milch, Zucker, Vanillepulver, Grieß und Ei verquirlen.

■ Masse bei mäßiger Hitze unter ständigem Rühren zum Kochen bringen, einige Minuten kochen lassen.

■ Flammeri in eine kalt ausgespülte Form geben. Nach dem Erkalten auf eine Platte stürzen.

■ Himbeeren putzen, vorsichtig waschen, trocken tupfen und pürieren. Püree nach Belieben mit Zucker oder Honig süßen.

■ Flammeri zusammen mit der Himbeersoße anrichten.

Mein Tipp: Statt des Vanillepulvers können Sie auch das Mark einer halben Vanillestange verwenden.

Die einfach zu bereitende Himbeer-Soße passt nicht nur zu Grießflammeri, sondern etwa auch zu Vanillepudding, Joghurt oder Quark.

Hagebutten-Vanille-Dessert

Zutaten für 2–4 Portionen:

40 g Speisestärke
½ l Milch
½ Vanillestange
2 EL Zucker
Hagebutten-Mus (Mus-Zubereitung S. 107)

Zubereitung

- Speisestärke in etwas Milch anrühren.
- ½ Vanillestange der Länge nach halbieren und Mark herauskratzen
- Zucker in der übrigen Milch auflösen, Vanillemark zugeben. Milch zum Kochen bringen. Milch-Stärke-Mischung einrühren, kurz aufkochen.
- Vanille-Pudding nach dem Erkalten mit dem Handrührgerät cremig aufschlagen.
- Creme schichtweise mit Hagebutten-Mus in Gläser füllen.

Mein Tipp: Nach Belieben mit Schlagrahm verzieren.
Das Dessert kann statt mit Speisestärke und Vanillemark auch mit Vanille-Puddingpulver zubereitet werden.

Rote Grütze

Zutaten für 2 Portionen:

100 g Wildkirschen
100 g Johannisbeeren
100 g Himbeeren
150 ml Wasser (oder Fruchtsaft wie Kirschsaft, Apfelsaft)
2 EL Zucker
20 g Stärkemehl

Zubereitung

- Früchte verlesen, waschen; mit dem Wasser oder dem Saft zum Kochen bringen, weich kochen; durch ein Sieb streichen.
- Stärkemehl mit etwas Wasser anrühren.
- Fruchtmasse mit Zucker zum Kochen bringen, angerührtes Stärkemehl unter Rühren zugeben.

Mit bereits fertigem Hagebutten-Mus entsteht in kurzer Zeit ein sehr feines Dessert.

Masse wenige Minuten unter Rühren kochen lassen.

■ Rote Grütze in kleine Schalen oder Gläser füllen.

Mein Tipp: Mit Schlagrahm oder Vanillesoße servieren.

Wildbeeren-Dessert mit Rosenblüten

Zutaten für 2 Portionen:

250 g Wildbeeren (z. B. Brombeeren, Johannisbeeren, Himbeeren, Stachelbeeren)

Zucker nach Belieben
3 EL Rosenblütenblätter (duftende Wildrosen oder ungespritzte duftende Gartenrosen)
Etwas Wasser

Zubereitung

■ Beeren putzen, waschen, abtropfen lassen. Mit Zucker und Rosenblütenblättern vermischen, ½ Stunde stehen lassen.

■ Mischung mit wenig Wasser weich dünsten, anschließend durch ein Sieb streichen.

Mein Tipp: Vanillecreme, Quarkcreme oder Vanille-Schlagrahm passen dazu.

In den »Klassiker« Rote Grütze gehören Johannisbeeren und Himbeeren, nach Belieben auch noch andere Beeren. Wer mag, streicht nur einen Teil der Fruchtmasse durchs Sieb.

Kuchen, Torten, Konfekt

Frische Walderdbeeren, Himbeeren, Brombee-ren, Heidelbeeren oder Preiselbeeren eignen sich als Belag oder Füllung für Mürb- oder Bis-kuitteig. Andere Früchte wie Schlehen oder Ha-gebutten müssen vor der Verwendung zunächst zu Mus oder Gelee verarbeitet werden.

Himbeer-Quark-Kuchen

Zutaten für Pie-Form (ca. 30 × 22 cm):
100 g Butter
80 g Zucker
2 Eier, 1 EL Grieß
½ Päckchen Vanillepuddingpulver

Mit Quark und Wildbeeren wie Himbeeren, Brombeeren oder Heidelbeeren entsteht ganz schnell und unkompli-ziert ein fruchtiger Kuchen.

½ kg Magerquark
300–500 g Himbeeren

Zubereitung

■ Butter, Zucker und Eier zu einer Schaum-masse schlagen. Das mit Grieß vermischte Puddingpulver und den Quark unterrühren. Masse in die mit etwas Butter ausgestrichene Form füllen und glatt streichen.

■ Himbeeren waschen, vorsichtig trocken tup-fen, auf der Quarkmasse verteilen, mit dem Löffelrücken leicht in die Masse hineindrücken.

■ Im vorgeheizten Backofen bei 175 °C etwa 40–45 Minuten backen. Gegen Ende der Back-zeit eventuell mit Backpapier abdecken, um eine zu starke Bräunung zu vermeiden.

Mein Tipp: Wer mag, bestreut den Kuchen vor dem Servieren mit Puderzucker oder etwas ge-riebener Schokolade. Statt Himbeeren eignen sich etwa auch Brombeeren oder Heidelbeeren.

Walderdbeer-Kuchen mit Baiser

Zutaten für kleine Springform (Ø 18 cm):
■ **Für den Teig**
   125 g Mehl
   60 g Butter, in kleine Stücke geschnitten
   25 g Zucker, 1 Ei
■ **Für die Baiser-Füllung**
   2 Eiweiß, 30 g Zucker
   1–2 Messerspitzen Zimt
   50–100 g frische Walderdbeeren

Zubereitung

- Teigzutaten mit den Händen rasch zu einem Teig verarbeiten. Teig zugedeckt etwa ½ Stunde im Kühlschrank kühl stellen.
- Springform mit dem Teig auslegen, Ränder hochziehen. Im vorgeheizten Backofen bei 180 °C etwa 20 Minuten gelb backen.
- Walderdbeeren vorsichtig waschen und trocken tupfen. Eiweiß, Zucker und Zimt zu festem Schnee schlagen. Walderdbeeren vorsichtig unterheben.
- Baisermasse auf dem fast fertig gebackenen Kuchenboden verteilen, glatt streichen. Auf mittlerer Schiene des Backofens bei 160–170 °C hellbraun backen.

Mein Tipp: Der Kuchen schmeckt auch mit anderen weichen Beeren wie Heidelbeeren, Himbeeren oder Brombeeren.

Brombeer-Kuchen mit Streuseln

Zutaten für kleine Springform (Ø 18 cm):
- **Für den Kuchenboden**
  125 g Mehl, 1 Prise Salz
  60 g Butter in Flocken
  30 g Zucker
  1 Ei
  evtl. ½ EL Wasser

Saftige Brombeeren und knusprige Streusel ergänzen sich bei diesem spätsommerlichen Brombeer-Kuchen, der ganz frisch am besten schmeckt.

- **Für den Belag**
  - 200–250 g Brombeeren
  - 20 g Mandelblättchen
- **Für die Streusel**
  - 60 g Mehl
  - 35 g Zucker

½ TL Zimt
35 g Butter

Zubereitung

- Zutaten für den Kuchenboden rasch zu einem Teig verkneten. Teig ½ Stunde kalt stel-

Mispel-Mus macht die einfachen, rasch zubereiteten Plätzchen saftiger und gibt ihnen ein besonderes Aroma.

len. Brombeeren verlesen, putzen, waschen, trocken tupfen.

■ Für die Streusel Mehl, Zucker und Zimt mischen. Butter bei niedriger Temperatur schmelzen lassen. Die flüssige, nur noch lauwarme Butter langsam unter die Mehl-Zucker-Zimt-Mischung rühren. Alles mit 2 Gabeln so vermischen, dass Klümpchen entstehen.

■ Kuchenteig in die gefettete Springform drücken. Rand hochziehen. Auf dem Kuchenboden Mandelblättchen, darauf die Brombeeren verteilen. Das Obst mit den Streuseln bedecken.

■ Im vorgeheizten Backofen bei 180 °C ca. 45 Minuten backen.

Mispel-Plätzchen

Zutaten:
100 g Mehl
100 g gemahlene Mandeln
1 Ei
1 EL Zucker (nach Belieben mehr)
50 g Butter in Flocken
3 EL Mispel-Mus (S. 107)

Zubereitung

■ Mehl und Mandeln vermischen, Ei, Zucker, Butter und Mispel-Mus zugeben. Alles rasch zu einem Teig verkneten. Teig im Kühlschrank zugedeckt 2 Stunden ruhen lassen.

■ Auf einem bemehlten Küchentuch Teig etwa ½ cm dick auswellen. Plätzchen ausstechen, auf ein mit Backpapier bedecktes Backblech legen und im vorgeheizten Backofen auf mittlerer Schiene bei 175 °C etwa 20–30 Minuten lichtbraun backen.

Berberitzen in Zucker

Zutaten:
50 g Berberitzen mit Stielchen
50 g Zucker
30 ml Wasser

Zubereitung

■ Berberitzen verlesen, putzen, waschen, trocken tupfen, in eine Schüssel legen.

■ Zucker und Wasser vermischen, aufkochen. Lauwarme Zuckerlösung über die Berberitzen schütten. 48 Stunden zugedeckt stehen lassen.

■ Berberitzen über einem Sieb abtropfen lassen. Saft sirupartig einkochen und lauwarm mit den Früchten in Gläser füllen.

Mein Tipp: Mit den Zucker-Berberitzen lassen sich Desserts, Torten, Kuchen, Konfekt verzieren.

Rezepte mit Berberitzen, wie etwa »Berberitzen in Zucker«, fehlen in kaum einem bürgerlichen Kochbuch des 19. Jahrhunderts.

Saft

Für die Saftbereitung nimmt man vollreife Früchte. Wollen Sie den Saft zu Gelee verarbeiten, sollte ein kleiner Teil der Früchte nicht ganz ausgereift sein (Gelierhilfe durch höheren Pektingehalt). Während die kalte Saftgewinnung nur für bestimmte Früchte geeignet ist, kann die nachfolgend beschriebene heiße Saftgewinnung bei den meisten Früchten eingesetzt werden. Wenn man häufiger größere Mengen entsaftet, lohnt sich die Anschaffung eines Dampfentsafters.

Für kleinere Saftmengen empfiehlt sich das Ablaufverfahren, das keine Geräte erfordert: Ein Mulltuch wird zwischen den Beinen eines umgedrehten Hockers locker ausgespannt. Man dünstet die Früchte mit wenig Wasser weich und schüttet anschließend die Fruchtmasse in das Tuch. Der im Verlauf mehrerer Stunden oder über Nacht ablaufende Saft wird in einer Schüssel aufgefangen. Tuch oder Beutel drückt man am Schluss nur ganz leicht aus.

Schlehen-Saft ist vielfältig einsetzbar: mit Wasser verdünnt als durstlöschendes Getränk, unverdünnt in Tee, zu Süßspeisen oder Desserts. Auch Gelee lässt sich daraus bereiten.

Traubenholunder-Saft

Zutaten:
Fruchtdolden des Traubenholunders

Zubereitung
■ Fruchtdolden sorgfältig waschen. Früchte mit einer Gabel abstreifen, in einem Kochtopf knapp mit Wasser bedecken. Wasser zum Kochen bringen und Früchte darin weich kochen.
■ Saft durch ein Tuch ablaufen lassen, aufkochen, in die vorbereiteten Schraubdeckelgläser füllen und sofort verschließen.

Achtung! Steinkerne bei der Verarbeitung nicht zerquetschen. Die sich eventuell beim Kochen an der Oberfläche absetzende Ölschicht entfernen.

Mein Tipp: Den Saft kann man mit Wasser verdünnt oder – in kleinen Mengen – pur genießen.
Traubenholunderfrüchte, zu etwa gleichen Teilen mit Himbeeren vermischt und weich gekocht, ergeben einen süßeren und angenehmer schmeckenden Saft, der auch zu Gelee weiterverarbeitet werden kann.

Schlehen-Saft

Zutaten:
750 g Schlehen
2 ¼ l Wasser
150 g Zucker

Zubereitung
■ Schlehen verlesen, waschen, trocken tupfen, in einen Kochtopf schütten, mit kochendem Wasser übergießen. Topf zudecken und kühl stellen.
■ Nach 24 Stunden Wasser abgießen, erneut aufkochen und über die Schlehen schütten. Topf zudecken und erneut für 24 Stunden kühl stellen. Verfahren noch 2–3-mal wiederholen.
■ Den verbliebenen Saft mit dem Zucker zum Kochen bringen. Heiß in die vorbereiteten Schraubdeckelgläser einfüllen und diese sofort verschließen.

Achtung! Steinkerne bei der Verarbeitung nicht zerquetschen.

Mein Tipp: Mit Wasser verdünnt ist der Saft ein durstlöschendes Getränk. Unverdünnt nimmt man ihn als Beilage zu Grießbrei, Reisbrei, Obstsalat und anderen Desserts.

Gelee

Für Gelee werden Saft und Zucker meist im Verhältnis 1:1 so lange unter Rühren und gelegentlichem Abschäumen gekocht, bis die **Gelierprobe** positiv ausfällt: Dafür gibt man auf einen kalten Teller einen Tropfen Flüssigkeit. Erstarrt dieser sofort, so ist das Gelee fertig und wird in die sorgfältig gereinigten, mit kochendem Wasser ausgespülten oder ausgekochten Gläser gefüllt, die sofort verschlossen werden.

Gelierzucker lässt die Fruchtmasse rascher gelieren, allerdings sagt sein Eigengeschmack nicht jedermann zu.

Auch Mischungen sind möglich, wobei es sinnvoll sein kann, Früchte mit hohem Pektingehalt (z. B. Wildapfel, Eberesche, Traubenkirsche) mit solchen mit niedrigem Pektingehalt (z. B. Himbeeren, Brombeeren, Heidelbeeren) zu mischen. Eine Faustregel lautet: Je saurer eine Obstart ist, desto besser geliert sie.

Mein Tipp: Nach Belieben können Gewürze wie Vanille, Zimt, Ingwer oder Zitronensaft mitgekocht werden.

Wasser zum Kochen bringen, dann Kochgut zugedeckt an einem kühlen Platz stehen lassen.
■ Am nächsten Tag erneut zum Kochen bringen, stehen lassen; am übernächsten Tag Verfahren wiederholen. Saft durch ein Sieb abgießen.
■ Kornelkirschen-Saft mit Gelierzucker vermischen, und zwar genau in dem auf der Packung angegebenen Verhältnis: auf 1250 ml Saft kommen 500 g Zucker. (Eine Umrechnung auf die von Ihnen erzielte Saftmenge muss exakt vorgenommen werden. So benötigt man beispielsweise für 625 ml Saft 250 g Zucker.)
■ Bis zur Gelierprobe kochen. In die vorbereiteten Schraubdeckelgläser füllen und diese sofort verschließen.

Mein Tipp: Kornelkirschen-Gelee schmeckt auf Brot oder Semmel. Besonders gut passt es zu Käse (etwa Camembert) und einem Glas trockenen Rotweins. Das Gelee kann auch mit Meerrettich vermischt etwa zu geräucherter Forelle genossen werden.

Kornelkirschen-Gelee

Zutaten:
Reife Kornelkirschen
Gelierzucker 3:1

Zubereitung
■ Kornelkirschen verlesen, waschen, abtrocknen. In einem Kochtopf mit Wasser bedecken.

Weißdorn-Brombeer-Gelee

Zutaten:
Weißdornfrüchte
Brombeeren
Gelierzucker 1:1

Zubereitung
■ Brombeeren und Weißdornfrüchte verlesen, putzen, waschen, trocken tupfen. In einem

Topf mit Wasser bedecken und einige Stunden stehen lassen.

■ Früchte im Topf weich kochen. Saft durch ein Tuch oder ein feinmaschiges Sieb abtropfen lassen.

■ Saft abmessen und mit der gleichen Menge Gelierzucker vermischen. Saft-Zucker-Mischung zum Kochen bringen, bis zur Gelierprobe kochen. Gelee in die vorbereiteten Schraubdeckelgläser füllen und diese sofort verschließen.

Mein Tipp: Nehmen Sie etwa ²/₃ Brombeeren und ¹/₃ Weißdornfrüchte oder, falls Sie ein etwas herberes Gelee bevorzugen, jeweils gleiche Mengenverhältnisse.

Ebereschen-Birnen-Gelee

Zutaten:
Ebereschenfrüchte
Birnen
Zucker
Zitronensaft

Zubereitung

■ Ebereschenfrüchte über Nacht in Essiglösung (3 EL auf 1 Liter Wasser) einlegen. Früchte sorgfältig waschen, einige Minuten in Wasser liegen lassen; in einem Topf knapp mit Wasser bedeckt zum Kochen bringen.

■ Geschälte und in kleine Stücke geschnittene

Im Weißdorn-Brombeer-Gelee verbindet sich der herbe Geschmack der Weißdorn-Früchte sehr angenehm mit dem fruchtigen Aroma der Brombeeren.

Birnen zugeben. Masse weich kochen, in ein Tuch schütten, Saft abfließen lassen.

■ Auf 1000 ml Saft 800 g Zucker geben, etwas Zitronensaft zufügen. Flüssigkeit zum Kochen bringen und bis zur positiven Gelierprobe kochen. In die vorbereiteten Schraubdeckelgläser füllen und diese sofort verschließen.

Mein Tipp: Das herb-süße Gelee passt auch ganz hervorragend zu Waffeln oder zu deftigen Fleischgerichten.

Mispel-Gelee

Zutaten:
Mispeln (noch hart)
Gelierzucker 1:1

Zubereitung

■ Mispeln waschen, Stielansatz und Blütenreste abschneiden, Früchte in grobe Stücke schneiden. In einem Topf mit Wasser bedecken. Masse zum Kochen bringen und köcheln las-

Die pektinreichen, bitteren Vogelbeeren dienen als Gelierhilfe und geben dem Ebereschen-Birnen-Gelee ein etwas »wildes« Aroma.

sen, bis die Früchte völlig weich sind (dauert ¾–1 Stunde).

■ Flüssigkeit durch ein Tuch abseihen, Früchte nur leicht ausdrücken. Flüssigkeit abmessen und im Verhältnis 1:1 mit Gelierzucker mischen. Bis zur positiven Gelierprobe kochen lassen. Heiß in die vorbereiteten Schraubdeckelgläser füllen und diese anschließend sofort verschließen.

Schlehen-Gelee

Zutaten:

1 l ungezuckerter Schlehen-Saft (S. 101)

1000 g Zucker

Zubereitung

■ Schlehensaft mit dem Zucker verrühren, zum Kochen bringen und bis zur positiven Gelierprobe kochen.

■ Heiß in die vorbereiteten Schraubdeckelgläser einfüllen und sofort verschließen.

Mein Tipp: Schlehen-Gelee schmeckt nicht nur vorzüglich als Brotaufstrich, sondern etwa auch zu Schweinebraten, Lammbraten oder Wildgerichten.

Himbeer-Apfel-Gelee

Zutaten:

500 g Himbeeren

5 Äpfel

1–2 Melissenblättchen

ca. 700 g Gelierzucker 1:1

Saft ½ Zitrone

Zubereitung

■ Himbeeren verlesen, waschen, putzen, trocken tupfen. Äpfel waschen, vierteln, eventuell schälen, Kernhaus entfernen, in Stücke schneiden. Melisse waschen und trocken tupfen.

■ Himbeeren und Äpfel in einem Topf knapp mit Wasser bedeckt zum Kochen bringen und weich kochen.

■ Saft durch ein Tuch oder feinmaschiges Sieb ablaufen lassen.

■ Saft im Verhältnis 1:1 mit Gelierzucker vermischen (z. B. auf 700 ml Saft 700 g Gelierzucker).

■ Zitronensaft und Melissenblättchen zugeben und bis zur positiven Gelierprobe kochen. Melisse entfernen.

■ Gelee heiß in die vorbereiteten Schraubdeckelgläser füllen und diese sofort verschließen.

Mein Tipp: Zur Himbeerzeit reifen auch die ersten heimischen Frühäpfel.

Aus den dunkelblauen Schlehen entsteht leuchtend rotviolettes Gelee.

Mus, Konfitüre

Mus

Die vorbereiteten Früchte werden in einem Topf mit Wasser bedeckt und weich gekocht. Dann streicht man die Masse durch ein Sieb. Süßen Sie das Mus nach Belieben mit Zucker oder Honig und verwenden Sie es möglichst sofort. Wollen Sie es aufbewahren, kochen Sie das Mus nach dem Süßen nochmals auf und füllen es in Schraubdeckelgläser.

Wegen des geringen Zuckerzusatzes ist das Mus nur kurze Zeit haltbar. Eine längere Haltbarkeit ist bei Weiterverarbeitung zu Konfitüre gegeben.

Farbenpracht und Aroma der Wildbeeren in Natur oder Garten werden als Gelee oder Konfitüre im Glas eingefangen und konserviert.

Konfitüre

Zuckerhaltige und streichfähige Fruchtbreie, in denen auch ganze Früchte oder Fruchtstücke enthalten sein können, heißen Konfitüre. Die frühere Bezeichnung »Marmelade« gilt nach EU-Verordnung nur noch für entsprechende Zubereitungen aus Zitrusfrüchten.

Grundregel für Konfitüre: Für 1 kg Früchte verwendet man 750 g Zucker. Die Früchte mit dem Zucker einige Stunden stehen lassen und dann unter Rühren und Abschäumen bis zur positiven Gelierprobe kochen.
Während bei Früchten wie Erdbeeren, Himbeeren, Brombeeren oder Heidelbeeren die kleinen Kerne in der Fruchtmasse belassen werden, müssen bei Früchten etwa von Kornelkirsche, Schlehe, Traubenkirsche, Vogelkirsche, Wildapfel, Wildrose die Steine oder Kerne entfernt werden. Deshalb stellt man zunächst Mus (Mark) her, das dann mit der entsprechenden Zuckermenge weiter zu Konfitüre verarbeitet wird.

Achtung! Die Kerne oder Steine mancher Wildfrüchte enthalten Blausäure-Glykoside. Sie dürfen nicht zerquetscht, sondern müssen im Ganzen entfernt werden. Informieren Sie sich bei den entsprechenden Porträts.

Hagebutten-Mark bzw. -Mus

Zutaten:
Hagebutten
Zucker oder Honig nach Belieben

Zubereitung

■ Hagebutten waschen, Stiel und Blütenansatz abschneiden. Der Länge nach halbieren, Früchte (»Kerne«) entfernen. Fruchtschalen unter fließendem Wasser reinigen.
■ Fruchtschalen knapp mit Wasser bedecken, über Nacht zugedeckt stehen lassen.
■ Am nächsten Tag weich kochen. Weiterverarbeitung wie unter »Mus« angegeben.

Mein Tipp: Einfachere Variante: Mark wie auf S. 108 (Hagebutten-Konfitüre) angegeben zubereiten.

Mispel-Mus

Zutaten:
Mispeln
Zucker

Zubereitung

■ Von reifen Mispeln Stielansatz abschneiden und das breiige Innere herausdrücken. Mit wenig Wasser verrühren, Zucker nach Belieben zugeben und Masse zum Kochen bringen. Einige Minuten kochen lassen.
■ Masse durch ein Sieb streichen, sodass die Steinkerne zurückbleiben. Nochmals zum Kochen erhitzen. In vorbereitete Schraubdeckelgläser füllen, diese sofort verschließen.

Hagebutten-Konfitüre

Zutaten:
Hagebutten
Zucker
Nach Belieben: etwas Vanillepulver

Zubereitung

■ Hagebutten waschen, Stiel und Blütenansatz abschneiden. In einem Gefäß mit Wasser bedecken und 24 Stunden zugedeckt stehen lassen.
■ Hagebutten im Einweichwasser weich kochen, durch ein engmaschiges Sieb, in dem Kerne und Haare zurückbleiben, streichen.
■ Mark mit Zucker verrühren: auf 500 g Mark etwa 300 g Zucker geben. Bis zur Gelierprobe kochen. Nach Belieben am Ende der Kochzeit etwas Vanillepulver unterrühren. Konfitüre in Schraubdeckelgläser füllen und diese sofort verschließen.

Mein Tipp: Für diese Zubereitung eignen sich auch vom Frost bereits etwas erweichte Hagebutten.
Die Konfitüre schmeckt auf Brot, auch zu Vanillepudding, Waffeln, Pfannkuchen.

Etwas mühsam ist bei der Verarbeitung der leuchtend roten Hagebutten die Trennung von äußeren Fruchtschalen und inneren Früchten.

Traubenkirschen-Himbeer-Konfitüre

Zutaten:

350 g Gewöhnliche Traubenkirschen
150 g Himbeeren, 350 g Zucker

Zubereitung

■ Himbeeren verlesen, waschen, trocken tupfen, mit dem Zucker vermischen, einige Stunden durchziehen lassen.
■ Traubenkirschen waschen, knapp mit Wasser bedeckt zum Kochen bringen. Früchte weich kochen, durch ein Sieb streichen.
■ Traubenkirschen-Mus und Himbeer-Zucker-Mischung in einem Topf mischen und zum Kochen bringen. Bis zur positiven Gelierprobe kochen, zwischendurch abschäumen. Konfitüre heiß in Gläser füllen, diese sofort verschließen.

Mein Tipp: Vögel mögen Traubenkirschen, daher frühzeitig sammeln. Nach Geschmack kann die Konfitüre auch mit Gelierzucker 1:1 hergestellt werden.

Achtung! Traubenkirschen-Steinkerne nicht zerquetschen, sondern im Ganzen entfernen.

Nicht nur Vogelnahrung: Gewöhnliche Traubenkirschen lassen sich, insbesondere vermischt mit süßen Beeren wie Himbeeren, zu wohlschmeckender Konfitüre verarbeiten.

Haustee

Sogenannte Haustees sind aus getrockneten Kräutern oder/und Früchten hergestellte Aufgüsse oder Abkochungen, die der Flüssigkeitsaufnahme dienen und gut schmecken. Im Gegensatz zu Heiltees, die wegen ihrer spezifischen lindernden oder heilenden Wirkungen verwendet werden, können Haustees auch über längere Zeit getrunken werden, ohne dass negative Auswirkungen zu befürchten sind. Früchtetees bereitet man als Abkochung zu. Als Würze und Verfeinerung eignen sich Sahne, Zucker, Honig, Himbeer-Sirup, Vanille, Zimt und Ingwer.

Weißdornfrüchte-Tee

1 TL getrocknete Früchte im Mörser zerstoßen, mit 1 Tasse Wasser übergießen und bis zum Kochen erhitzen. Kurz aufkochen, einige Minuten ziehen lassen, abseihen.

Der Tee wird, vor allem volksmedizinisch, auch als Heiltee zur Herzstärkung, bei nervös bedingten Herzbeschwerden sowie allgemein zur Beruhigung und Schlafförderung verwendet.

Hagebutten-Tee

1–2 TL Hagebuttenschalen und/oder –kerne pro Tasse Wasser einige Stunden einweichen, zum Kochen bringen und etwa 30 Minuten kochen lassen. Abseihen.
Varianten: Hagebuttenschalen und gemahlene oder zerdrückte Hagebuttenkerne zusammen 10 Minuten kochen oder 1 EL getrocknete Hagebuttenschalen mit 1 Tasse siedendem Wasser übergießen und zugedeckt 10–15 Minuten ziehen lassen.

Hagebutten-Tee, der volksmedizinisch auch als Heiltee eingesetzt wird, fördert das körpereigene Abwehrsystem und wirkt vorbeugend gegen Erkältungen.

Wärmend an kalten Herbst- oder Wintertagen wirkt Hagebutten-Tee, der nach Belieben auch mit Honig und Vanille oder Zimt verfeinert werden kann.

Wein, Likör

Hagebutten-Wein

Zutaten:
1,5 kg Hagebutten
3 l Wasser
1,5 kg Zucker

Zubereitung

■ Hagebutten rasch waschen, Stiele und Blütenreste abschneiden. In einen Gärballon schütten.

■ Wasser aufkochen, Zucker darin auflösen, abkühlen lassen und über die Hagebutten schütten. Gärballon mit einem Gärrohr verschließen und an einen warmen Platz stellen. Der Gärprozess dauert mindestens 6 Wochen; er ist beendet, wenn der Wasserstand in den beiden Gärrohrschenkeln gleich ist.

■ Mit einem Gummischlauch Wein abziehen. Flüssigkeit filtern oder in einem verschließbaren Glasgefäß an einem kühlen und dunklen Platz einige Wochen stehen lassen. Anschließend Flüssigkeit vorsichtig abgießen, damit die zu Boden gesunkenen Teile nicht aufgewirbelt werden.

■ Wein in vorbereitete, sehr sorgfältig gereinigte Flaschen füllen und verkorken. Der Wein sollte noch einige Wochen liegend ruhen, ehe man ihn trinkt.

Achtung! Trotz vergeblicher Arbeit: Trennen Sie sich von verdorbenem, umgekipptem, schlecht schmeckendem Wein. Beugen Sie Weinfehlern durch sorgfältiges Arbeiten und größte Sauberkeit so weit wie möglich vor.

Ist der Hagebutten-Wein gelungen, dann entschädigt sein Genuss für einige Mühe bei Sammeln und Zubereitung.

Schlehen-Wein

Zutaten:
5 kg Schlehen
5 kg Einmachzucker
ca. 10 l Wasser

Zubereitung

■ Schlehen putzen, rasch waschen, in einen Gärballon (20 l) schütten.

■ Wasser aufkochen, Zucker darin auflösen, abkühlen lassen und über die Schlehen schütten. Das Wasser sollte etwa 15 cm unterhalb der Einfüllöffnung stehen. Ballon mit einem Gärrohr verschließen und an einen warmen Platz stellen. Der Gärprozess dauert einige Monate.

Sehr einfach ist die Herstellung des leuchtend roten und fein aromatischen Schlehen-Likörs, dessen Aroma im Lauf von Monaten immer besser wird.

■ Weiterverarbeiten wie unter Hagebuttenwein angegeben.

Schlehen-Likör

Zutaten:
Schlehenfrüchte
½ Vanillestange
150 g Kandiszucker
1 Flasche Doppelkorn

Zubereitung

■ Eine Weinflasche zu ¼ bis ⅓ mit gewaschenen, abgetrockneten und mehrmals mit einer Nadel angestochenen Schlehen füllen. Vanillestange und Kandiszucker zugeben. Flasche mit Doppelkorn auffüllen, verkorken und 6–8 Wochen an die Sonne stellen. Von Zeit zu Zeit schütteln.

■ Danach im dunklen Keller einige Wochen stehen lassen. Likör durch ein Tuch filtern, in einer Flasche sorgfältig verschlossen, dunkel und kühl aufbewahren.

Aromatisches und Pikantes

Johannisbeer-Soße

Zutaten:

250 g rote Johannisbeeren
2 EL Zucker
1 TL Gelierpulver
½ TL Salz
½ TL geriebener Meerrettich
Cayennepfeffer
3 EL Rotwein

Zubereitung

■ Johannisbeeren waschen, von den Rispen streifen. Knapp ¼ der Beeren zurückbehalten. Den Rest in etwa 5 Minuten weich kochen, durch ein Sieb streichen.
■ Zucker mit Gelierpulver vermischen, zur Beerenmasse geben.
■ Masse zum Kochen bringen, mit Salz, Cayennepfeffer, Meerrettich und Rotwein würzen; sprudelnd etwa 5 Minuten kochen lassen, kurz vor Ende der Kochzeit restliche Beeren zugeben. Soße in kleine Schraubdeckelgläser füllen und diese sofort verschließen.

Mein Tipp: Diese Soße schmeckt warm oder kalt zu Rinderbraten, Schweinebraten, Geflügel, Wild und Käse.

Preiselbeer-Birnen-Kompott

Zutaten:

125 g Preiselbeeren
1 Birne
3 EL Rotwein oder Wasser
Zucker nach Belieben

Zubereitung

■ Preiselbeeren verlesen, putzen, waschen, trocken tupfen. Birne waschen, vierteln, schälen, Kernhaus entfernen, in kleine Stücke schneiden, 125 g abwiegen.
■ Preiselbeeren und Birnenstücke mit Rotwein oder Wasser dünsten. Zucker untermischen.

Mein Tipp: Das Kompott passt gut zu Fleischspeisen, Wild und Geflügel oder wird mit Schokoladencreme als Nachspeise serviert.

Schon beim Kochen erfreut die Johannisbeer-Soße durch ihre intensiv leuchtende Farbe, auf dem Teller ist sie eine pikante Würze.

Stachelbeer-Chutney

Zutaten:

400 g Stachelbeeren
1 Zwiebel
50 ml Weißweinessig
½ TL Cayennepfeffer
1 Messerspitze Pimentpulver
Salz
1–2 TL Honig

Zubereitung

■ Stachelbeeren waschen, trocken tupfen. Blüten- und Stielansätze abschneiden, Beeren halbieren. Zwiebel abziehen, in kleine Würfel schneiden.

■ Stachelbeeren und Zwiebeln in etwa 15 Minuten weich dünsten, durch ein Sieb streichen.

■ Essig, Cayennepfeffer, Piment und Salz zugeben. Masse dicklich einkochen. Gegen Ende des Kochvorgangs mit Honig abschmecken. Heiß in Gläser abfüllen, diese verschließen.

Mein Tipp: Das süß-säuerliche Chutney passt zu Hähnchen, Enten- oder Schweinebraten, auch zu manchen Käsesorten.

Wie die Johannisbeer-Soße passt auch das grünlichgelbe Stachelbeer-Chutney insbesondere zu verschiedenen Fleischspeisen.

Himbeer-Essig

Zutaten:
300 g Himbeeren
300 ml Weißweinessig

Zubereitung

■ Himbeeren verlesen, waschen, trocken tupfen. In einem Glas-, Steingut- oder Porzellangefäß mit Essig übergießen. Gefäß mit einem Tuch abdecken und 4 Tage kühl stellen.
■ Flüssigkeit durch ein Tuch in ein anderes Gefäß abgießen. Gefäß mit einem Tuch bedeckt 24 Stunden zum Klären kühl stellen. Essig vorsichtig in einen Topf abgießen und zum Kochen erhitzen. Abkühlen lassen
■ Himbeer-Essig in eine Flasche füllen, diese gut verschließen.

Mein Tipp: Himbeer-Essig eignet sich zum Anmachen von Salaten oder zum Abschmecken von Soßen. Halsschmerzen lassen sich durch Gurgeln mit Himbeer-Essig lindern.

Brombeeren in Essig

Zutaten:
Brombeeren
Weißweinessig
Zucker
Gewürznelken
Zimtstange

Zubereitung

■ Brombeeren verlesen, putzen, waschen, trocken tupfen. In einem Glas- oder Porzellan-

gefäß mit Weißweinessig bedecken. Gefäß zudecken und über Nacht stehen lassen.
■ Am nächsten Tag Essig abseihen. Essig mit Zucker vermischen: auf 500 ml Essig 300 g Zucker geben. Einige Gewürznelken und 1 Zimtstange in die Flüssigkeit geben und diese bis zum Kochen erhitzen. Zimtstange und Nelken herausnehmen. Die heiße Flüssigkeit über die Beeren schütten. Gefäß bedecken.
■ Am nächsten Tag Essig abseihen und zum Kochen bringen. Etwa 15 Minuten kochen lassen. Beeren vorsichtig in Schraubdeckelgläser füllen. Gläser mit heißem Essig auffüllen und sofort verschließen.

Mein Tipp: Verwenden Sie schöne, noch feste, nicht überreife Früchte. Essigbeeren sind eine pikante Beilage zu kaltem Fleisch, Käsegerichten, Bratkartoffeln mit Ei und Käse.

Himbeer-Essig gibt Blattsalaten oder anderen Salaten wie fein geschnittenem Blaukraut-Salat ein fruchtiges und feinsäuerliches Aroma.

Kornelkirschen-»Oliven«

Die Kornelkirschen-»Oliven« können ähnlich wie echte Oliven verwendet werden.

Zutaten:

**200 g Kornelkirschen, noch unreif
(grüngelb oder leicht gerötet)
200 ml Weißweinessig
1 Prise Zucker
1 TL Salz
1 Gewürznelke
1 Wacholderbeere
1 Lorbeerblatt**

Zubereitung

■ Kornelkirschen über Nacht in Salzwasser einlegen. Am nächsten Tag abspülen, trocken tupfen, in kleine Schraubdeckelgläser einschichten.
■ Essig mit Zucker, Salz, Gewürznelke, Wacholderbeere und Lorbeerblatt aufkochen, etwa 5 Minuten im geschlossenen Topf köcheln lassen. Essig abseihen und heiß über die Kornelkirschen schütten. Diese müssen vom Sud vollständig bedeckt sein. Gläser sofort verschließen.

Mein Tipp: Vor Gebrauch »Oliven« mindestens 2 Wochen im Kühlschrank durchziehen lassen. Vor Genuss gründlich mit Wasser abspülen. Nach dem Öffnen der Gläser Inhalt rasch verbrauchen.

Ursprünglich als Ersatz für echte Oliven »erfunden« und verwendet, sind die Kornelkirschen-Oliven heute etwas Besonderes.

Konservieren durch Tiefgefrieren und Trocknen

Tiefgefrieren

Die Beeren werden vor dem Tiefgefrieren verlesen, gewaschen, trocken getupft und gegebenenfalls entkernt oder entsteint. Die so vorbereiteten Früchte legt man nebeneinander – sie sollen sich nicht berühren – auf ein Tablett oder Backblech und stellt sie für 2–3 Stunden ins Gefrierfach oder ins Gefriergerät. Anschließend füllt man die Beeren in Gefrierbeutel oder -dosen, verschließt und beschriftet diese und legt sie sofort wieder ins Gefrierfach.
Auch bereits verarbeitete Früchte wie Saft, Gelee, Fruchtmus, Konfitüre oder Kompotte lassen sich einfrieren. Das Beeren-Gefriergut kann etwa 1 Jahr gelagert werden. Nach dem Auftauen sollten die Früchte möglichst rasch verzehrt beziehungsweise weiterverarbeitet werden, um Mikroorganismen keine Chance zu geben.

Trocknen

Auch die uralte Konservierungsmethode des Trocknens oder Dörrens, also des Haltbarmachens durch Wasserentzug, ist nach wie vor sinnvoll. Dabei bleiben die Inhaltsstoffe weitgehend erhalten, werden sogar stärker konzentriert. Das Trockengut lässt sich leicht und ohne Zufuhr von Energie aufbewahren und verwenden.

Geeignet für diese Konservierungsmethode sind nicht zu wasserreiche Beeren. Man trocknet sie an der Luft, im Backofen oder in einem elektrischen Dörrgerät. In jedem Fall werden die Beeren sorgfältig verlesen, falls nötig gewaschen und abgetrocknet. Beim Lufttrocknen breitet man sie auf weißem Papier oder auf Trockensieben flach aus. Das Trocknen erfolgt an einem warmen, luftigen, staubfreien Platz, der nicht praller Sonne ausgesetzt ist. Tägliche

Beim behutsamen Trocknen büßen die dafür geeigneten Beeren wie etwa Berberitzen nur wenig an Farbe und Aroma ein.

Kontrolle auf Schädlingsbefall oder Schimmel und mehrmaliges Umschichten während des Trockenvorgangs sind unverzichtbar.

Für das Trocknen im Backofen werden die Beeren auf einem mit Backpapier belegten Rost ausgebreitet und einige Stunden bei 35–50 °C getrocknet. Damit die Feuchtigkeit abziehen kann, ist die Backofentür mit einem Kochlöffelstiel einen Spalt geöffnet zu halten. Der Trocknungsvorgang ist abgeschlossen, wenn die Früchte auf Druck keinen Saft mehr absondern. Man füllt sie dann in dicht zu verschließende Gläser und bewahrt sie an einem kühlen, dunklen Platz auf.

Zum Trocknen eignen sich insbesondere Berberitzen, Heidelbeeren, Preiselbeeren, Früchte des Schwarzen Holunders. Auch die Früchte von Johannisbeere, Schlehe, Eberesche und Weißdorn lassen sich als Ganzes trocknen. Hagebutten schneidet man der Länge nach durch, entfernt mit einem Löffelstiel oder Messer die Kerne samt Härchen. Man spült unter fließendem Wasser die Härchen ab, tupft die Kerne trocken und legt sie wie die Schalen zum Trocknen aus. Ein Vorrat an sorgsam getrockneten Früchten ermöglicht, auch in Winter und Frühjahr farbintensive und schmackhafte Wildfruchtspeisen und -getränke zu genießen. Nicht nur Hagebutten-Suppe (S. 86) oder Haustee (S. 110), sondern auch Kompotte, etwa Heidelbeer-, Preiselbeer-, Brombeer- oder Himbeer-Kompott lassen sich aus Trockenobst bereiten.

Wichtig dabei ist, dass die Früchte zuvor einige Zeit, etwa über Nacht, eingeweicht werden.

Getrocknete Heidelbeeren: Mit ihnen lässt sich sogar Wolle färben oder – auch als Abkochung anzuwenden – Durchfall lindern.

Getrocknete Ebereschenfrüchte können in kleinen Mengen Kräuter- oder Früchtetee (»Haustee«) beigegeben werden.

Weiterführende und verwendete Literatur

Altmann, Horst (7. Aufl. 2009): Giftpflanzen, Gifttiere. BLV Buchverlag, München.

Fleischhauer, Steffen Guido (2003): Enzyklopädie der essbaren Wildpflanzen. AT Verlag, Aarau, München.

Frohne, Dietrich und Hans Jürgen Pfänder (5. Aufl. 2005): Giftpflanzen. Wissenschaftliche Verlagsgesellschaft, Stuttgart.

Hildegard von Bingen (1993): Heilkraft der Natur – »Physica«. Herder, Freiburg, Basel, Wien.

Marzell, Heinrich (3. Aufl. 1935): Neues illustriertes Kräuterbuch. Enßlin & Laiblin, Reutlingen.

Marzell, Heinrich (1968): Bayerische Volksbotanik. Werner Fritsch, München. (Neudruck der 1926 bei Lorenz Spindler, Nürnberg, erschienenen Ausgabe).

Perger, Anton von (1864): Deutsche Pflanzensagen. Schaber, Stuttgart und Oehringen.

Roth, Lutz, Max Daunderer und Kurt Kormann (2006): Giftpflanzen – Pflanzengifte. Nikol Verlagsgesellschaft, Hamburg.

Schauer, Thomas und Claus Caspari (9. Aufl. 2004): Der große BLV Pflanzenführer. BLV Buchverlag, München.

Schmeil-Fitschen (93. Aufl. 2010): Flora von Deutschland und angrenzender Länder. Bearb. von Karlheinz Senghas und Siegmund Seybold. Quelle & Meyer, Wiesbaden.

Schönfelder, Ingrid und Peter Schönfelder (2004): Das neue Handbuch der Heilpflanzen. Franckh-Kosmos Verlags-GmbH, Stuttgart.

Schoenichen, Walther (1947): Aus Wald und Feld den Tisch bestellt. Alfred H. Linde, Berlin-Halensee, Bielefeld.

Rezeptregister

Stichwortverzeichnis

Gewöhnlicher Wacholder, essbar (mit Einschränkungen), S. 23

Sadebaum, giftig, S. 24

Wohlriechende Weißwurz, giftig, S. 25

Heidelbeere, essbar, S. 26

Rauschbeere, giftverdächtig, S. 28 oben

Efeu, giftig, S. 29

Schlehdorn, essbar (mit Einschränkungen), S. 30

Blutroter Hartriegel, essbar (mit Einschränkungen), S. 31

Faulbaum, giftig, S. 32

Tollkirsche, giftig, S. 33

Echter Kreuzdorn, giftig, S. 35

Christophskraut, giftig, S. 36

Gewöhnlicher Liguster, giftig, S. 37

Schwarze Johannisbeere, essbar, S. 38

Kratzbeere, essbar (mit Einschränkungen), S. 39

Echte Brombeere, essbar, S. 40

Schwarzer Holunder, essbar (mit Einschränkungen), S. 43

Attich, Zwergholunder, giftig, S. 44

Gewöhnliche Traubenkirsche, essbar (mit Einschränkungen), S. 45

Wolliger Schneeball, giftig, S. 47

Eberesche, essbar (mit Einschränkungen), S. 48

Traubenholunder, essbar (mit Einschränkungen), S. 50

Echte Mehlbeere, essbar, S. 51

Eingriffeliger Weißdorn, essbar, S. 52

Gewöhnlicher Schneeball, giftig, S. 54

Immergrüne Bärentraube, essbar (besonders geschützt), S. 55

Preiselbeere, essbar, S. 56

Kleinfrüchtige Moosbeere, essbar, S. 57

Gewöhnliche Berberitze, essbar (mit Einschränkungen), S. 58

Kornelkirsche, essbar, S. 60

Bittersüßer Nachtschatten, giftig, S. 61 unten

Hundsrose, essbar (mit Einschränkungen), S. 62

Vogelkirsche, essbar (mit Einschränkungen), S. 64

Gewöhnlicher Seidelbast, giftig, S. 65 oben

Stechpalme, Hülse, giftig, S. 66

Rote Johannisbeere, essbar, S. 67

Rote Heckenkirsche, giftig, S. 68

Gefleckter Aronstab, giftig, S. 69

Walderdbeere, essbar, S. 71

Gewöhnliches Pfaffenhütchen, giftig, S. 72

Eibe, giftig (besonders geschützt), S. 73

Himbeere, essbar, S. 74

Maiglöckchen, giftig, S. 76

Sanddorn, essbar, S. 77

Wildbirne, essbar (mit Einschränkungen), S. 78

Wildapfel, essbar (mit Einschränkungen), S. 79

Mispel, essbar, S. 80

Stachelbeere, essbar (mit Einschränkungen), S. 81

Hinweis

Die Bestimmungshinweise, Informationen, Ratschläge, Warnungen und Rezepte beruhen auf langjährigen Erfahrungen der Autorin, entsprechen dem neuesten wissenschaftlichen Kenntnisstand und wurden sorgfältig geprüft. Autorin und Verlag können dennoch keine Haftung übernehmen. Wer Wildbeeren sammelt, zubereitet und verzehrt, handelt auf eigene Verantwortung, da Autorin und Verlag weder die Sammelgewohnheiten des Einzelnen noch etwaige Unverträglichkeiten kennen. Beim Bestimmen, Sammeln und Verwenden sollten stets alle aufgezählten Merkmale sowie die Warnhinweise beachtet werden.

Dank

Für Hinweise und Unterstützung bedankt sich die Autorin bei:

Dr. Laurentiu Dumitrescu, Perlesreut;
Anneliese Eggerstorfer, Osterhofen;
Heinz Haberda, Neuhausen;
Anni Krombacher, Osterhofen;
Dr. Rudolf Reiser, Ismaning;
Karin Seubert, Pommersfelden.

Über die Autorin

Dr. Gertrud Scherf, geboren 1947 in Berchtesgaden, war Grund- und Hauptschullehrerin sowie Wissenschaftliche Mitarbeiterin am Institut für die Didaktik der Biologie der Universität München.
Als Sachbuchautorin insbesondere in den Bereichen Natur und Garten tätig, lebt und arbeitet sie seit vielen Jahren in Osterhofen-Galgweis. Ein großer Garten und die artenreichen Vilsauen bieten ihr Anregungen und Möglichkeiten zum Beobachten und Ausprobieren. Die kulturgeschichtlichen Aspekte der Themen, die vielfältigen Verbindungen zwischen Natur und Kultur sowie der Naturschutz sind der Autorin besonders wichtig, und sie verdeutlicht dies in ihren Büchern und Artikeln, bei Vorträgen, Seminaren und Führungen.

**Bibliografische Information der
Deutschen Nationalbibliothek**
Die Deutsche Nationalbibliothek verzeichnet
diese Publikation in der Deutschen National-
bibliografie; detaillierte bibliografische Daten
sind im Internet über http://dnb.d-nb.de
abrufbar.

BLV Buchverlag GmbH & Co. KG

80797 München

© 2011 BLV Buchverlag GmbH & Co. KG,
München

Bildnachweis:
Alle Aufnahmen von Dr. Gertrud Scherf, außer:
Dumitrescu: 5r, 80
Eisenbeiss: 37, 53, 57, 66, 78
Pforr: 49, 56, 61o, 64, 76, 79, 123 2.v.o.li,
 125or
Pott: 4r, 24, 28, 35, 45, 50, 55, 69l
Reinhard: 1, 5l, 8, 20/21, 22, 23, 25, 34, 40,
 41, 52, 65u, 68, 69r, 71, 73, 74, 75u, 81,
 106, 108
Seidl: 32, 36, 51, 61u, 65o
Stockfood/Rees P.: 95
Willner: 42
Abb. S. 9 aus: Deutsche Jugend (1873).
Illustrierte Monatshefte. 1. Band. Dürr, Leipzig
Grafiken: Susanne Schneider und Jörg Mair

Umschlaggestaltung: Kochan & Partner,
München
Umschlagfotos:
Vorderseite: StockFood/Vladimir Shulevsky;
Rückseite: Dr. Gertrud Scherf

Lektorat: Dr. Friedrich Kögel, Christina Redmer
Herstellung: Ruth Bost
Satz: Uhl + Massopust, Aalen

Gedruckt auf chlorfrei gebleichtem Papier

Printed in Germany
ISBN 978-3-8354-0756-5

Frisch ernten, selbst einmachen und das ganze Jahr genießen!

Waltraud Angele
Einmachen
Die besten Rezepte mit Obst, Gemüse und Kräutern ·
Hausgemachte Delikatessen zum Genießen und Verschenken ·
Warenkunde: zum Einmachen geeignete Obst-, Gemüse-
und Kräutersorten.
ISBN 978-3-8354-0705-3